Das Literatur-Lesebuch

Das Literatur-

Deutsche Literatur aus 10 Jahrhunderten

Lesebuch

Ausgesucht und zusammengestellt
von Manfred Mai

Mit Bildern von Stefanie Harjes

Ravensburger Buchverlag

Bibliografische Information Der Deutschen Bibliothek

Die Deutsche Bibliothek verzeichnet diese Publikation in der
Deutschen Nationalbibliografie; detaillierte bibliografische Daten
sind im Internet über **http://dnb.ddb.de** abrufbar.

Die Texte entsprechen zum größten Teil nicht der neuen Rechtschreibung,
sondern liegen in ihren Originalfassungen vor. Bei der Mehrheit der noch
urheberrechtlich geschützten Texte wurde eine Übertragung ausdrücklich
von den Autoren bzw. ihren Rechtsnachfolgern untersagt.

3 2 1   07 06 05

© 2005 Ravensburger Buchverlag
Otto Maier GmbH
Umschlag: Stefanie Harjes
Lektorat: Ulrike Metzger
Printed in Germany
3-473-34442-7
www.ravensburger.de

Inhalt

Vorwort

Liebe Leserin, lieber Leser,

das Literaturlesebuch ist ein ganz besonderes Buch. Es ist eine
Sammlung von Texten aus den vergangenen tausend Jahren, die die
Vielfalt, Schönheit und Besonderheit der deutschsprachigen Literatur
widerspiegeln sollen. Dafür habe ich Gedichte, Erzählungen, Roman-
ausschnitte und Dramenszenen aus allen Epochen ausgewählt.
Natürlich kann diese Sammlung keinen Anspruch auf Vollständigkeit
erheben – das will sie auch gar nicht. Sie hat andere Ziele. Die aus-
gewählten Texte sollen für Leserinnen und Leser jeden Alters und
unabhängig von ihrer Vorbildung lesbar sein – und sie sollen zum
Weiterlesen verlocken. Denn das wichtigste Anliegen, das ich mit
diesem Buch verbinde, ist: Freude am Lesen und an der Literatur zu
vermitteln.
Ein paar Worte noch zu den Bildern: Die Künstlerin Stefanie Harjes
hat sich von den Texten inspirieren lassen. Entstanden sind außer-
gewöhnliche Illustrationen, die das Buch auch zu einem Fest für die
Augen machen.
Darum wünsche ich nun viel Freude beim Lesen, Zuhören und
Betrachten!

Manfred Mai

UNBEKANNT

Dû bist mîn

Du bist mein

Dû bist mîn, ich bin dîn:
des solt dû gewis sîn.
  dû bist beslozzen
  in mînem herzen:
verlorn ist daz slüzzelîn:
dû muost immer drinne sîn.

Du bist mein, ich bin dein:
dessen sollst du gewiss sein.
  Du bist verschlossen
  in meinem Herzen:
verloren ist das Schlüsselein:
du musst für immer drinnen sein.

Ich saz ûf eime Steine

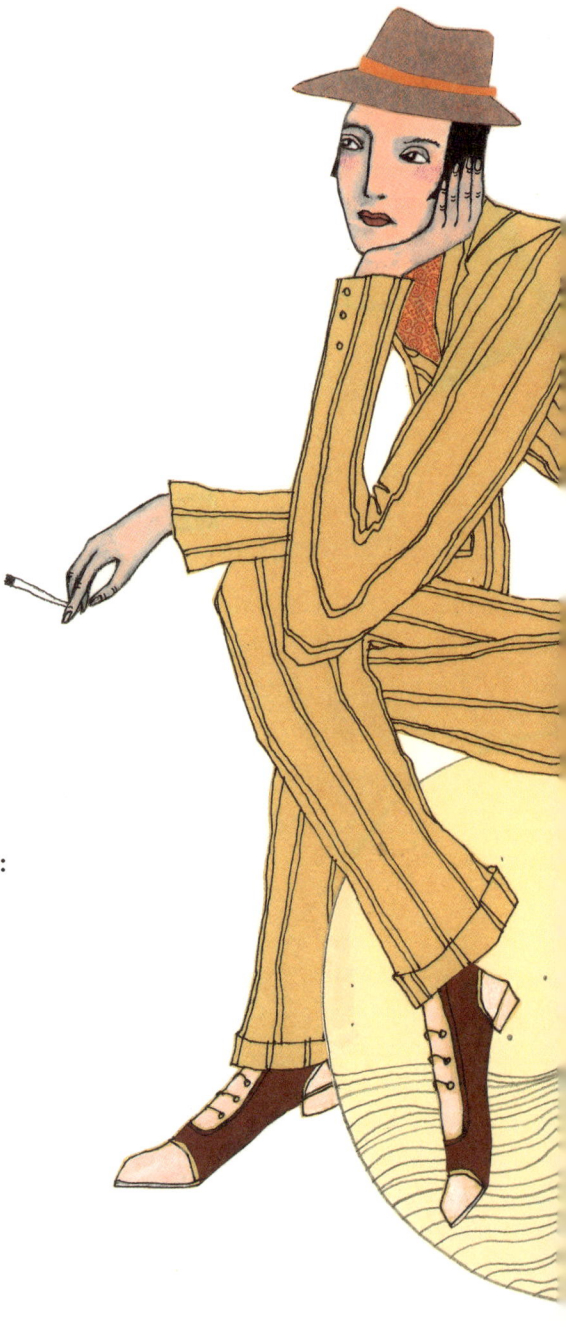

Ich saz ûf eime steine
und dahte bein mit beine.
dar ûf satzt ich den ellenbogen.
ich hete in mîne hant gesmogen
daz kinne und ein mîn wange.
dô dâhte ich mir vil ange,
wie man zer welte solte leben.
deheinen rât kond ich gegeben,
wie man driu dinc erwurbe,
der keinez niht verdurbe.
diu zwei sint êre und varnde guot,
daz dicke ein ander schaden tuot:
daz dritte ist gotes hulde,
der zweier übergulde.
diu wolte ich gerne in einen schrîn:
jâ leider desn mac nith gesîn,
daz guot und weltlich êre
und gotes hulde mêre
zesamene in ein herze komen.
stîg unde wege sint in benomen:
untriuwe ist in der sâze,
gewalt vert ûf der strâze,
fride unde reht sint sêre wunt.
diu driu enhabent geleites niht,
diu zwei enwerden ê gesunt.

Ich saß auf einem Stein

Ich saß auf einem Stein,
und schlug ein Bein über das andere.
Darauf stützte ich den Ellenbogen.
Ich hatte in meine Hand geschmiegt
das Kinn und meine eine Wange.
So erwog ich in aller Eindringlichkeit,
wie man auf dieser Welt zu leben habe.
Keinen Rat wusste ich zu geben
wie man drei Dinge erwerben könne
ohne dass eines von ihnen verlorenginge.
Zwei von ihnen sind Ehre und Besitz,
die einander oft Abbruch tun;
das dritte ist die Gnade Gottes,
weit höher geltend als die beiden andern.
Die wünschte ich in *ein* Gefäß zu tun.
Aber zu unserm Leid kann das nicht sein,
dass Besitz und Ehre in der Welt
und dazu Gottes Gnade
zusammen in ein Herz kommen.
Weg und Steg ist ihnen verbaut,
Verrat lauert im Hinterhalt,
Gewalttat zieht auf der Straße,
Friede und Recht sind todwund:
Bevor diese beiden nicht gesunden,
haben die Drei keine Sicherheit.

UNBEKANNT

Das Nibelungenlied

Uns ist in alten mæren   wunders vil geseit
von helden lobebæren,   von grôzer arebeit,
von fröuden, hôchgezîten,   von weinen und von klagen,
von küener recken strîten   muget ír nu wunder hœren sagen.

Uns wird in alten Geschichten viel Wundersames berichtet:
Von berühmten Helden und ihrer großen Kühnheit,
von glücklichen Tagen und Festen, von Weinen und Klagen
und vom Kampf tapferer Männer könnt ihr jetzt Erstaunliches
   erfahren.

Am Hofe zu Worms

Im Lande der Burgunden zu Worms am Rhein herrschte König
Gunther mit seinen Brüdern Gernot und Giselher, sie hatten eine
Schwester namens Kriemhild, die mit ihrer Mutter Ute am Hofe
lebte. Viele Helden warben um die schöne Kriemhild; doch sie wies
alle ab, weil sie durch Liebe niemals Leid erfahren wollte, wie ihr
ein Traum verkündet hatte.
Damals lebte zu Xanten am Niederrhein Sigfrid, der Sohn des
Königs Sigmund. Schon in früher Jugend hatte der junge Held sich
durch Kühnheit und Kraft Tatenruhm erworben. Einen giftigen
Drachen hatte er im Kampfe besiegt, und als er sich in dessen Blute

badete, war seine Haut hörnern geworden, so daß keine Waffe ihn
verwunden konnte. Dem Zwergenvolke der Nibelungen hatte er
einen unermeßlichen Schatz an Gold und Edelsteinen abgewonnen,
und in diesem Kampfe hatte er auch eine Tarnkappe erbeutet, die
ihn unsichtbar machte, dazu das herrliche Schwert Balmung.

Als Sigfrid nun von der schönen Kriemhild hörte, hielt es ihn nicht
länger mehr an des Vaters Hof. Mit zwölf seiner Kampfgefährten zog
er nach Worms am Rhein, um die liebliche Jungfrau zum Weibe zu
gewinnen.

Als sie vor die Königsburg kamen, erkannte niemand in Gunthers
Gefolge weder die Mannen noch ihren Führer. Da ließ König
Gunther den weitgereisten Hagen kommen, doch auch der wußte
nicht, wer die Ankömmlinge seien. „Ich möchte wohl glauben,
daß es Sigfrid ist", meinte er schließlich, „der Held aus Niederland,
der die Söhne des Zwergenkönigs Nibelung erschlagen hat und den
Nibelungenhort besitzt. Ich rate, wir sollten ihn gut empfangen."

In Ehren nahm man die Gäste auf, und Sigfrid blieb ein ganzes Jahr
am Hofe zu Worms. Doch die Jungfrau, um deretwillen er gekommen

war, bekam er nicht zu Gesicht. Kriemhild aber blickte oft heimlich aus dem Fenster ihres Gemachs, wenn die Recken auf dem Burghofe ihre Kampfspiele trieben, und lobte in vertrautem Kreise den herrlichen Helden.

Sigfrid war gern gesehen bei jedermann am Burgundenhofe, und die Gastfreundschaft, die man ihm erwies, entgalt er nach Reckenart, indem er dem König auf seinen Kriegszügen Beistand leistete. Als die Könige von Sachsen und Dänemark das Land der Burgunden bedrohten, verdankte Gunther seinen Sieg allein seinem starken Gast vom Niederrhein, der beide feindlichen Könige nach heißem Zweikampf gefangennahm.

Als Gunther nach Sigfrids Rückkehr ein prächtiges Fest zur Feier des Sieges veranstaltete, war auch Kriemhild anwesend. Zum erstenmal sah Sigfrid die schöne Jungfrau, der sein ganzes Sehnen galt. Als sie an der Hand ihrer Mutter, der Königin Ute, geleitet von ihren Jungfrauen und hundert Mannen, in den Festsaal trat, verneigte sich Sigfrid in tiefer Ehrerbietung vor den Frauen. Nie in seinem Leben hatte Sigfrid solche Freude empfunden wie in diesem Augenblick, da er Kriemhild an seiner Hand führen durfte und mit ihr durch den Palast schritt.

Die Fahrt nach Island

Fern über der grauen See, auf der Insel Island, wohnte die schöne Königin Brunhild. Viele begehrten ihre Liebe und warben um sie, doch Brunhild stellte harte Bedingungen. Wer sich mit ihr vermählen wollte, mußte sie dreifach besiegen: im Speerwurf, im Steinschleudern und im Sprung. Wer auch nur in einem dieser Wettkämpfe unterlag, hatte sein Leben verwirkt.

König Gunther wünschte nichts sehnlicher, als die begehrenswerte Königin zum Weibe zu gewinnen. „Wenn du mir beistehst, sie zu erringen", sagte er zu Sigfrid, „so werde auch ich Leben und Ehre für dich wagen." Da antwortete Sigfrid: „Die Fahrt zur Königin Brunhild will ich mit dir wagen, wenn du mir deine Schwester Kriemhild zum Weibe gibst. Anderen Lohn begehre ich nicht!" Da gelobte ihm Gunther die schöne Kriemhild zur Frau, wenn Brunhild als Königin ins Burgundenland einzöge.

Nur der starke Hagen und sein Bruder Dankwart fuhren als Begleiter mit, als Gunther und Sigfrid das Schiff bestiegen, das sie von Worms den Rhein hinab zu Brunhilds Burg Isenstein führen sollte. Zwölf lange Tage und Nächte fuhren die Weggefährten über See. Als sie endlich an Land gingen, führte Sigfrid des Königs Roß am Zügel, damit man ihn für Gunthers Lehnsmann halte. Sie bestiegen ihre Rosse und ritten, in schwarzen Rüstungen und in prächtiger Wehr, zur Burg. Die Tore wurden ihnen weit aufgetan und Brunhilds Mannen eilten ihnen entgegen, sie zu empfangen.

Brunhild hieß sie freundlich willkommen. Den kühnen Sigfrid, den sie bereits kannte, begrüßte sie vor König Gunther.

Am nächsten Tage begannen die Kampfspiele. Gunther war nicht stark genug, die schweren Waffen, die Brunhild ihm reichen ließ, zu führen: doch Sigfrid, unsichtbar durch seine Tarnkappe, übernahm den Wettkampf, während Gunther zum Schein die Gebärden ausführte. Mit übermenschlicher Kraft faßte Brunhild den Schild, den vier Männer in die Kampfbahn getragen hatten, nahm den schweren Wurfspeer und schleuderte ihn auf ihren Gegner. Die Waffe drang durch den Schild, so daß Gunther strauchelte und Sigfrid das Blut aus dem Munde brach. Trotzdem ermannte sich Sigfrid sogleich, er faßte den Speer und warf ihn mit solcher Wucht zurück, daß Brunhild zu Boden stürzte.

Doch schnell sprang Brunhild wieder auf die Füße, sie ergriff einen mächtigen Stein und schleuderte ihn an die zwölf Klafter weit, und in voller Waffenrüstung sprang sie über den Wurf hinaus. Doch wieder zeigte sich Sigfrid, unter der Tarnkappe verborgen, ihr überlegen. Er warf den Stein noch weiter als Brunhild und sprang über das Ziel hinaus. Durch die Tarnkappe hatte er die Kraft, König Gunther dabei mit sich zu tragen. Da mußte Brunhild sich besiegt erkennen. „Tretet herzu, ihr Mannen", gebot sie ihren Recken, „und huldigt eurem neuen Herrn!"

So konnte Gunther die stolze Brunhild als seine Gemahlin heimführen, und mit großem Prunk wurde zu Worms die Doppelhochzeit gefeiert. Aber als Brunhild die liebliche Kriemhild beim festlichen Mahle an Sigfrids Seite sitzen sah, vergoß sie bittere Tränen.

„Es betrübt mich sehr", versetzte sie auf Gunthers Frage, „daß du deine Schwester einem deiner Dienstmannen zur Frau gegeben hast!" Vergeblich suchte der König sie zu beschwichtigen. Aber nicht eher wollte sie ihm als Gattin angehören, als bis sie genau wußte, wie alles sich zugetragen hatte. Als Gunther am Abend sein Weib umarmen wollte, wehrte sich Brunhild, fesselte ihm mit ihrem Gürtel Füße und Hände und hängte den Wehrlosen an einen starken Nagel hoch an der Wand. Dort mußte er bleiben bis in die Morgenstunden.

Tags darauf erfuhr Sigfrid von der unwürdigen Behandlung, die Gunther hatte auf sich nehmen müssen. „Ich werde dir helfen", versprach er dem Freunde, und mit Hilfe seiner Tarnkappe stand er Gunther bei, die Widerstrebende zu bezwingen. Er nahm Brunhilds Gürtel und einen Ring, den er ihr heimlich vom Finger zog, mit sich, als er sie verließ.

Nicht lange danach zog Sigfrid mit Kriemhild, seinem jungen Weibe, in seine Heimat nach Xanten am Niederrhein und bestieg den Thron seines Vaters Siegmund.

Der Streit der Königinnen

Zehn Jahre gingen ins Land, Brunhild aber sann über vieles nach.
„Warum leistet Sigfrid, der doch dein Lehnsmann ist, dir keine
Dienste?" fragte Brunhild ihren Gatten immer wieder. „Warum weilt
er ständig in der Ferne und stellt sich niemals an deinem Hofe ein?"
Vergeblich suchte Gunther Ausflüchte. Um ihren Willen dennoch
durchzusetzen, überredete sie den königlichen Gemahl, zur nächsten
Sonnenwende ein großes Fest zu bereiten.
Auch Sigfrid und Kriemhild, begleitet von dem greisen Sigmund,
folgten der Einladung König Gunthers, zusammen mit vielen
Recken ihres Landes. Trotz der Festesfreude aber, die alle erfüllte,
sah Brunhild voll Neid auf Sigfrids und Kriemhilds großes Gefolge,
und sie wunderte sich, daß ein Lehnsmann König Gunthers zu so
großem Ansehen gelangen könne. Unwillig hörte sie Kriemhilds
Worte, als beide Königinnen am elften Tage vor dem Vespergottes-
dienst zusammensaßen.
„Sie doch nur", rief Kriemhild glücklich, „wie herrlich Sigfrid
vor allen Helden einherschreitet und wie niemand ihm im Kampfe
ebenbürtig ist!"
„Er ist doch nur meines Gatten Eigenmann*", unterbrach Brunhild
sie, „und deshalb mußt du Gunther den Vorrang geben!"
Kriemhild wollte solchen Vorwurf nicht gelten lassen; immer heftiger
wurde der Wortstreit, und die Frauen trennten sich im Zorn.
Als die Stunde des Gottesdienstes gekommen war, ging jede der
beiden Königinnen, die sonst stets einträchtig beisammen gesehen
wurden, allein mit ihren Jungfrauen zum Münster.
„Bleib stehen, Kriemhild!" rief Brunhild scharf. „Ich habe den

---

* Leibeigener, Untergebener

Vortritt! Die Frau eines Dienstmannes darf niemals vor ihres Königs Gattin gehen!"

Da entbrannte wilder Haß in Kriemhilds Herzen. Sie warf Brunhild vor, nicht Gunther, sondern Sigfrid habe sie bezwungen. In bitteren Tränen stand Brunhild da, während Kriemhild erhobenen Hauptes an ihr vorbei ins Münster schritt.

Nach dem Messedienst verlangte die tiefgekränkte Königin Beweise für Kriemhilds beleidigende Worte. Da zeigte diese ihr Gürtel und Ring, die Sigfrid ihr in der Nacht der Vermählung genommen hatte.

Hagen von Tronje aber, der Brunhild weinen sah, suchte seine Herrin zu beruhigen und gelobte, die bittere Schmach, die ihr angetan war, an Sigfrid zu rächen, der das Geheimnis von Gunthers Brautwerbung an seine Gattin preisgegeben hatte.

Falsche Boten, die man bestellt hatte, erschienen in Worms, um neuen Krieg der Dänen und Sachsen anzusagen. Sofort erbot sich Sigfrid, mit den Burgunden in den Kampf zu ziehen.

Als das Heer zum Aufbruch bereitstand, begab sich Hagen zu Kriemhild, um Abschied von ihr zu nehmen.

„Laß Sigfrid nicht entgelten, was ich Brunhild angetan habe", bat ihn die schöne Frau, „längst quält mich die Reue."

Da versprach Hagen, über Sigfrids Leben in der Schlacht zu wachen.

„An einer Stelle ist er verwundbar", sagte Kriemhild in arglosem Vertrauen, und sie verriet Hagen, was sonst niemand wußte. Als Sigfrid sich im Blute des erschlagenen Drachen gebadet hatte, war ihm ein Lindenblatt zwischen die Schultern gefallen, so daß er an dieser Stelle verwundbar blieb, weil nur hier seine Haut nicht hörnern geworden war.

Da bat Hagen die Königin, die verwundbare Stelle durch ein auf das Gewand genähtes Kreuz zu bezeichnen, damit er ihren Gatten recht schützen könne.

Sigfrids Tod

Kaum war Sigfrid mit seinen Mannen zum Kampfe ausgezogen, da
kamen neue Boten, die den Krieg widerriefen. Nach der Rückkehr an
den Hof zu Worms beschloß man, in den Wasgenwald zu ziehen, um
eine große Jagd abzuhalten. Unter Tränen nahm Kriemhild Abschied
von dem geliebten Gatten. Sie hatte geträumt, wie zwei wilde Eber
Sigfrid anfielen und das Gras sich vom Blut rötete. Sigfrid tröstete die
schöne Kriemhild mit freundlichen Worten, umarmte und küßte sie
und ritt unbekümmert mit dem Gefolge davon.
Auf der Jagd machte Sigfrid von allen die reichste Beute, er fing
sogar mit eigener Hand einen Bären und brachte ihn, als das Horn
das Ende der Jagd verkündete, lebend und gefesselt zum Sammel-
platz.
Nach den Mühen der Jagd setzte man sich zum Mahle.
Speisen in reicher Auswahl standen bereit, doch es fehlte
der Trank. Irrtümlich, so sagte Hagen entschuldigend,
sei der Wein in den Spessart geschickt worden.
„Doch ich weiß hier ganz in der
Nähe eine Quelle, die im Schatten
einer Linde liegt", fuhr er fort.
„Wollen wir nicht dorthin um
die Wette laufen?"
Gunther und Sigfrid waren
einverstanden. Wie Panther
liefen sie durch den Klee.
Sigfrid trug Wehr und Waffen
bei sich, und dennoch erreichte
er den Brunnen als erster.
Doch er trank nicht vor König

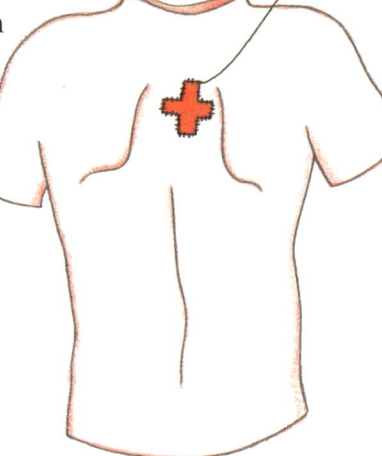

Gunther. Dem König ließ er den Vortritt. Dann erst beugte er sich selbst über die Quelle, um seinen Durst zu löschen.

Da ergriff Hagen den Speer, den Sigfrid arglos an die Linde gelehnt hatte, und stieß ihn dem Helden in den Rücken.

Mit Bedacht traf er ihn genau an der Stelle, die Kriemhild durch das aufgenähte Kreuz kenntlich gemacht hatte.

Das Blut sprang sogleich so heftig aus der Wunde, daß auch Hagen befleckt wurde. Da ließ er den Speer im Rücken Sigfrids stecken und wandte sich zur Flucht.

Als Sigfrid die schwere Wunde fühlte, sprang er rasend vor Wut auf und stürzte dem Mörder nach. Hagen floh davon, wie er noch vor keinem Manne gelaufen war. Doch Sigfrid erreichte ihn, und mit dem Schilde – der Tronjer hatte mit Vorbedacht alle Waffen an der Linde entfernt – schlug Sigfrid auf Hagen ein, so daß dieser zu Boden stürzte. Doch dann entwich alle Farbe aus dem Antlitz des todwunden Helden. Seine Kraft verließ ihn, und sterbend sank er ins Gras.

HANS SACHS

Das Kälberbrüten

Ein Fastnachtspiel mit 3 Personen:
DER BAUER
DIE BÄUERIN
DER PFARRER

DIE BÄUERIN *tritt ein und spricht zu sich selbst:*
Ich Arme, was fang' ich nur an?
Ich hab' einen liederlichen Mann,
Verdrossen und lässig in allen Dingen,
Ich kann ihn aus dem Bett nicht bringen,
So träg' ist er und stinkend faul
Und schnarcht des Nachts gleichwie ein Gaul.
Ich bat ihn, recht früh aufzustehn,
Weil ich woll' in die Stadt heut' gehn,
Um Milch und Eier hinzutragen,
Stand auf, eh' es begann zu tagen,
Damit recht früh ich wäre dort,
Hab' auch gemolken die Kuh sofort,
Will auf den Weg mich machen eben,
Da will der Narr sich nicht erheben.
Kein Wunder wär' es, wenn allein
Vor Wut ich nähme einen Stein.
Ich will ihn bei den Haaren ziehn
Und aus dem Bette werfen ihn,
Daß er das Haus mög' wohl versorgen.

DER BAUER *kommt, gähnt,*
kratzt sich am Kopf und spricht:
Alte, ich wünsch' dir'n guten Morgen!
Was tust du denn so früh auf heute?

DIE BÄUERIN *spricht:*
Ach, daß dich doch der Teufel reite!
Du kannst dich heut wohl nicht erheben?
Da wollt' ich dich denn wecken eben;
Die Schwarte hätte dir geknackt!

DER BAUER *spricht:*
Das hab' ich mir beinah gedacht.
Ei, Gret', es ist noch früh genug;
Kam gestern abend spät vom Krug.
Was soll ich tun so früh, sag an?

DIE BÄUERIN *spricht:*
Was fragst du, fauler, loser Mann?
Wär' ich nicht, du wärst längst gehangen.
Was soll ich nur mit dir anfangen?

DER BAUER *spricht:*
Ei schweig, ich bin doch nicht so schlimm!
Geh hin und recht viel Geld einnimm!
Ich will inzwischen häuslich sein,
Die Stube kehren und heizen ein;
Das kann ich grad' so gut wie du.

DIE BÄUERIN *spricht:*
Koch auch das Kraut und Fleisch dazu!
Und bläst der Hirte vor dem Haus,
So laß die Kuh und Sau heraus,
Damit das Vieh zur Weide komm'.
Sei auch sonst häuslich, brav und fromm!
Und kehr' ich heim, so laß uns essen!

DER BAUER *spricht:*
Der Dinge will ich keins vergessen;
Soll alles fein ordentlich geschehen.

DIE BÄUERIN *spricht:*
Wenn ich heimkomm', werd' ich ja sehn,
Wie du derweil daheim tatst hausen.
Versiehst du's, soll der Prügel sausen!
(Die Bäuerin geht weg.)

DER BAUER *spricht:*
Geh hin, du brauchst dich nicht zu sorgen! –
Es ist noch gar zu früh am Morgen.
Ich heiz' und setz' das Essen an
Und will ausruhen mich alsdann,
Ein Stündchen noch ins Bett mich legen,
Bis daß der Dorfhirt sich tut regen;
Dann laß ich aus die Sau und Kuh.
Jetzt ist es noch zu früh dazu.

DER BAUER *geht hinaus,*
kommt nach einiger Zeit wieder und spricht:
Potz Angst, verschlief nun doch die Zeit!
Wie sehr mein Weib wohl Wehe schreit!
Der Hirte hat schon ausgetrieben.
Und mein Vieh ist daheim geblieben.
Kifferbsen gibt es nun zu essen.
Potz Mist, das Kraut hab' ich vergessen!
Das strudelt nun und prudelt schön;
Ich geh', den Schaden anzusehn.

DER BAUER *kommt wieder und spricht traurig:*
Nun ist dem Spaß der Boden aus!
Zum Garten komme ich hinaus
Zu meinen guten Viechern allen,
Da ist das Kalb in'n Brunnen gefallen
Und ist leider darin ertrunken,
Wiewohl mein Weib nach meinem Bedunken
Mit dem Kalbe wollt' zum Metzger laufen
Und für das Geld 'nen Pelz sich kaufen.
Das ging nun fehl. Wie soll's mir gehn?
Wie werd' ich mit meinem Weib bestehn?
Wie wird sie fluchen, wird sie scharren!
Ich mag sie nicht im Haus crharren;
Denn da gäb's doch nur Prügel drinnen.
Was soll ich Ärmster nur beginnen?
Woher ein neues Kalb bekommen? –
Mir fällt was ein, was mir kann frommen:
Die Hühner und Gäns' in meinem Haus
Aus Eiern brüten Junge aus,

Wenn sie drauf sitzen ein'ge Tag'.
So glaube ich auch, daß man mag
Kälber aus Käse brüten wohl,
Zumal wenn er von Maden voll;
Halb lebt er ja schon durch die Maden.
Ich will's versuchen; was kann's schaden!
Die Käs' in einen Korb ich tu'
Und setze mich gleich warm dazu
Ins Finstre, in die Tenne dann,
Damit man mich nicht stören kann.
Wird dann ein Kalb aus jeder Made,
Find' ich vor meinem Weib wohl Gnade.
(Der Bauer setzt sich in den Korb.)

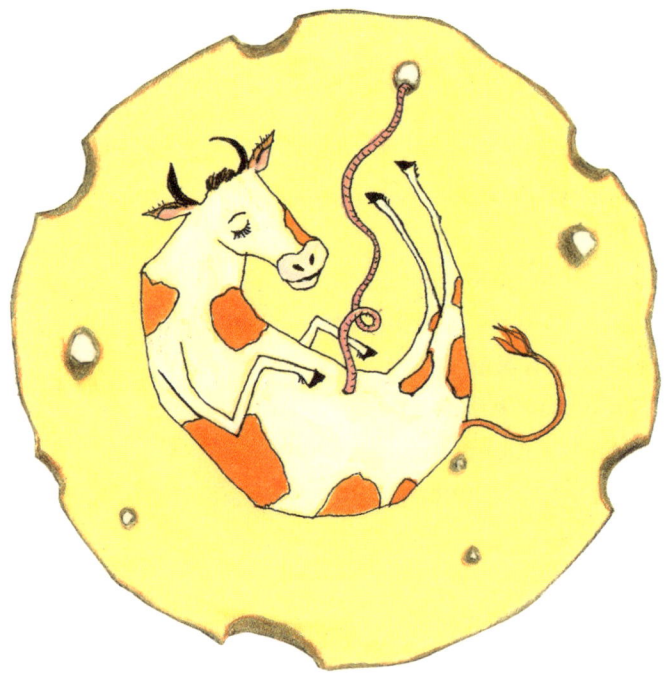

(Die Bäuerin kommt, sieht ihn im Korbe sitzen und fragt, was er da mache. Der Bauer antwortet nicht und gibt nur eigenartige Laute von sich. Sie glaubt, er sei nicht mehr ganz richtig im Kopf oder vom Teufel besessen. Deswegen holt sie den Pfarrer. Auch der will vom Bauern wissen, warum er im Korb sitze, aber auch ihm antwortet er nicht. Da packen der Pfarrer und die Bäuerin den Bauern und zerren ihn aus dem Korb.)

DER BAUER *schreit:*
Was macht ihr hier? Daß Gott euch schände
Und Satanas euch ganz verblende!
Ihr bringt mich heut um Ehr' und Gut,
Weil ihr mich zieht von meiner Brut.
Wie sehr ich mich verbarg dahinten,
Damit kein Mensch mich sollte finden,
Bracht' euch der Teufel doch ins Haus.

DER PFARRER *spricht:*
Ach, Hans, was wolltst du brüten aus?

DER BAUER *zeigt ihm einen Käse und spricht:*
Ei, Kälber! Zum Beweis seht Ihr
Von Maden voll den Käse hier.
Aus jeder Made wär' gekrochen
Ein Kalb, wenn Ihr nicht unterbrochen
Die Brut und mich davongerissen.

DIE BÄUERIN *spricht:*
Du bist der allergrößte Narr,
Den's gibt in unsrer ganzen Pfarr'.

Till Eulenspiegel

*Wie Eulenspiegel einem Esel das Lesen
beibrachte*

Eine Zeitlang beschäftigte sich Eulenspiegel damit, daß er von Universität
zu Universität zog, sich überall als
Gelehrter ausgab und die Professoren und Studenten neckte. Er
behauptete, alles zu wissen und
zu können. Und er beantwortete
tatsächlich sämtliche Fragen, die sie ihm vorlegten. Bei dieser
Gelegenheit kam er schließlich nach Erfurt. Die Erfurter Studenten
und ihr Rektor hörten von seiner Ankunft und zerbrachen sich den
Kopf, was für eine Aufgabe sie ihm stellen könnten. „Denn so wie
denen in Prag", sagten sie, „soll es uns nicht ergehen. Er soll nicht
uns, sondern wir wollen ihn hineinlegen."
Endlich fiel ihnen etwas Passendes ein. Sie kauften einen Esel,
bugsierten das störrische Tier in den Gasthof „Zum Turm", wo
Eulenspiegel wohnte, und fragten ihn, ob er sich zutraue, dem Esel
das Lesen beizubringen.
„Selbstverständlich", antwortete Till. „Doch da so ein Esel ein
dummes Tier ist, wird der Unterricht ziemlich lange dauern."
„Wie lange denn?" fragte der Rektor der Universität.
„Schätzungsweise zwanzig Jahre", meinte Till. Und hierbei dachte er
sich: Zwanzig Jahre sind eine lange Zeit. Bis dahin stirbt vielleicht

der Rektor. Dann geht die Sache gut aus. Oder ich sterbe selber. Oder der Esel stirbt, und das wäre das beste.

Der Rektor war mit den zwanzig Jahren einverstanden. Eulenspiegel verlangte fünfhundert alte Groschen für seinen Unterricht. Man gab ihm einen Vorschuß und ließ ihn mit seinem vierbeinigen Schüler allein. Till brachte das Tier in den Stall. In die Futterkrippe legte er ein großes altes Buch, und zwischen die ersten Seiten des Buches legte er Hafer. Das merkte sich der Esel. Und um den Hafer zu fressen, blätterte er mit dem Maul die Blätter des Buches um. War kein Hafer mehr zu finden, rief der Esel laut: „I-a, i-a!" Das fand Eulenspiegel großartig, und er übte es mit dem Esel wieder und wieder.

Nach einer Woche ging Till zu dem Rektor und sagte: „Wollen Sie bei Gelegenheit einmal mich und meinen Schüler besuchen?"

„Gern", meinte der Rektor. „Hat er denn schon einiges gelernt?"

„Ein paar Buchstaben kann er bereits", erklärte Eulenspiegel stolz. „Und das ist ja für einen Esel und für eine Woche Unterricht allerhand."

Schon am Nachmittag kam der Rektor mit den Professoren und Studenten in den Gasthof, und Till führte sie in den Stall. Dann legte er ein Buch in die Krippe. Der Esel, der seit einem Tag kein Futter gekriegt hatte, blätterte hungrig die Seiten des Buchs um. Und da Eulenspiegel diesmal überhaupt keinen Hafer ins Buch gelegt hatte, schrie das Tier unaufhörlich und so laut es konnte: „I-a, i-a, i-a!"

„I und A kann er schon, wie Sie hören", sagte Eulenspiegel. „Morgen beginne ich damit, ihm O und U beizubringen." Da gingen die Herren wütend fort. Der Rektor ärgerte sich so sehr, daß ihn bald darauf der Schlag traf. Und Till jagte den Esel aus dem Stall. „Scher dich zu den anderen Erfurter Eseln!" rief er ihm nach. Dann schnürte er sein Bündel und verließ die Stadt noch am selben Tag.

MARTIN LUTHER

Stadtmaus und Feldmaus

Ein Stadtmaus ging spazieren und kam zu einer Feldmaus, die tät
ihr gütlich mit Eicheln, Gersten, Nüssen und womit sie kunnt. Aber
die Stadtmaus sprach: Du bist eine arme Maus, was willt du hie in
Armut leben? Komme mit mir, ich will dir und mir gnug schaffen
von allerlei köstlicher Speise. Die Feldmaus zog mit ihr hin in ein
herrlich schön Haus, darin die Stadtmaus wohnet, und gingen in die
Kemnoten*, da war vollauf von Brot, Fleisch, Speck, Würste, Käse
und alles. Da sprach die Stadtmaus: Nu iß und sei guter Ding, solcher
Speise hab ich täglich überflüssig.
Indes kömmt der Kellner und rumpelt mit den Schlüsseln an der Tür.
Die Mäuse erschraken und liefen davon. Die Stadtmaus fand bald ihr
Loch, aber die Feldmaus wußte nirgend hin, lief die Wand auf und
abe und hatte sich ihres Lebens erwegen.
Da der Kellner wieder hinaus war, sprach die Stadtmaus: Es hat nu
kein Not; laß uns guter Ding sein. Die Feldmaus antwortet: Du hast
gut sagen, du wußtest dein Loch fein zu treffen, dieweil bin ich
schier für Angst gestorben. Ich will dir sagen, was die Meinung ist:
Bleibe du eine reiche Stadtmaus und friß Würste und Speck; ich will
ein armes Feldmäuslein bleiben und mein Eicheln essen. Du bist
kein Augenblick sicher für dem Kellner, für den Katzen, für so viel
Mäusefallen, und ist dir das ganze Haus feind; solchs alles bin ich
frei und sicher in meinem armen Feldlöchlin.

---

* auch: Kemenate; beheizbarer Raum

PAUL GERHARDT

Sommerlied

Geh aus, mein Herz, und
suche Freud in dieser lieben Sommerzeit
an deines Gottes Gaben;
schau an der schönen Gärten Zier
und siehe, wie sie mir und dir
sich ausgeschmücket haben.

Die Bäume stehen voller Laub,
das Erdreich decket seinen Staub
mit einem grünen Kleide;
Narzissus und die Tulipan
die ziehen sich viel schöner an
als Salomonis Seide.

Die Lerche schwingt sich in die Luft,
das Täublein fliegt aus seiner Kluft
und macht sich in die Wälder;
die hochbegabte Nachtigall
ergötzt und füllt mit ihrem Schall
Berg, Hügel, Tal und Felder.

Die Glucke führt ihr Völklein aus,
der Storch baut und bewohnt sein Haus,
das Schwälblein speist die Jungen;
der schnelle Hirsch, das leichte Reh
ist froh und kommt aus seiner Höh
ins tiefe Gras gesprungen.

Die Bächlein rauschen in dem Sand
und malen sich an ihrem Rand
mit schattenreichen Myrten;
die Wiesen liegen hart dabei
und klingen ganz vom Lustgeschrei
der Schaf und ihrer Hirten.

Die unverdroßne Bienenschar
fliegt hin und her, sucht hier und da
ihr edle Honigspeise;
des süßen Weinstocks starker Saft
bringt täglich neue Stärk und Kraft
in seinem schwachen Reise.

Der Weizen wächset mit Gewalt;
darüber jauchzet jung und alt
und rühmt die große Güte
des, der so überflüssig labt
und mit so manchem Gut begabt
das menschliche Gemüte.

Bööh! Böööh!

Ich selber kann und mag nicht ruhn,
des großen Gottes großes Tun
erweckt mir alle Sinnen;
ich singe mit, wenn alles singt,
und lasse, was dem Höchsten klingt,
aus meinem Herzen rinnen.
…

ANDREAS GRYPHIUS

Es ist alles eitel

Du siehst, wohin du siehst, nur Eitelkeit auf Erden,
Was dieser heute baut, reißt jener morgen ein;
Wo itzund Städte stehn, wird eine Wiesen sein,
Auf der ein Schäferskind wird spielen mit den Herden.

Was itzund prächtig blüht, soll bald zutreten werden.
Was itzt so pocht und trotzt, ist morgen Asch und Bein;
Nichts ist, das ewig sei, kein Erz, kein Marmorstein.
Itzt lacht das Glück uns an, bald donnern die Beschwerden.

Der hohen Taten Ruhm muß wie ein Traum vergehn.
Soll denn das Spiel der Zeit, der leichte Mensch, bestehn?
Ach, was ist alles dies, was wir vor köstlich achten,

Als schlechte Nichtigkeit,   als Schatten, Staub und Wind,
Als eine Wiesenblum,   die man nicht wiederfind't!
Noch will, was ewig ist,   kein einig Mensch betrachten!

37

Johann Jakob Christoffel von Grimmelshausen

Der Abenteuerliche Simplicissimus Teutsch

Einsiedel: Wie heißest du?

Simplicius: Ich heiße Bub.

Eins.: Ich sehe wohl, daß du kein Mägdlein bist, wie hat dir aber dein Vater und Mutter gerufen?

Simpl.: Ich habe keinen Vater oder Mutter gehabt.

Eins.: Wer hat dir denn das Hemd geben?

Simpl.: Ei mein Meuder.

Eins.: Wie heißet' dich denn dein Meuder?

Simpl.: Sie hat mich Bub geheißen, auch Schelm, ungeschickter Tölpel und Galgenvogel.

Eins.: Wer ist denn deiner Mutter Mann gewesen?

Simpl.: Niemand.

Eins.: Bei wem hat denn dein Meuder des Nachts geschlafen?

Simpl.: Bei meinem Knan.

Eins.: Wie hat dich denn dein Knan geheißen?

Simpl.: Er hat mich auch Bub genennet.

Eins.: Wie hieß aber dein Knan?

Simpl.: Er heißt Knan.

Eins.: Wie hat ihm aber dein Meuder gerufen?

Simpl.: Knan, und auch Meister.

Eins.: Hat sie ihn niemals anders genennet?

Simpl.: Ja, sie hat.

Eins.: Wie denn?

Simpl.: Rülp, grober Bengel, volle Sau, und noch wohl anders, wenn sie haderte.

EINS.: Du bist wohl ein unwissender Tropf, daß du weder deiner
  Eltern noch deinen eignen Namen nicht weißt!

SIMPL.: Eia, weißt dus doch auch nicht.

EINS.: Kannst du auch beten?

SIMPL.: Nein, unser Ann und mein Meuder haben als das Bett
  gemacht.

EINS.: Ich frage nicht hiernach, sondern ob du das Vaterunser kannst?

SIMPL.: Ja ich.

EINS.: Nun so sprichs denn.

SIMPL.: Unser lieber Vater, der du bist Himmel, heiliget werde Nam,
  zu kommes d' Reich, dein Will scheh Himmel ad Erden, gib uns
  Schuld, als wir unsern Schuldigern geba, führ uns nicht in kein
  böß Versucha, sondern erlös uns von dem Reich, und die Kraft,
  und die Herrlichkeit, in Ewigkeit, Ama.

EINS.: Bist du nie in die Kirchen gangen?

SIMPL.: Ja, ich kann wacker steigen, und hab als ein ganzen Busem
  voll Kirschen gebrochen.

EINS.: Ich sage nicht von Kirschen, sondern von der Kirchen.

SIMPL.: Haha, Kriechen; gelt es sind so kleine Pfläumlein? gelt du?

EINS.: Ach daß Gott walte, weißt du nichts von unserm Herr Gott?

SIMPL.: Ja, er ist daheim an unserer Stubentür gestanden auf dem
  Helgen*, mein Meuder hat ihn von der Kürbe mitgebracht, und
  hingekleibt.

EINS.: Auch gütiger Gott, nun erkenne ich erst, was für eine große
  Gnad und Wohltat es ist, wem du deine Erkenntnis mitteilest, und
  wie gar nichts ein Mensch sci, dem du solche nicht gibst: Ach Herr
  verleihe mir deinen heiligen Namen also zu ehren, daß ich würdig
  werde, um diese hohe Gnad so eifrig zu danken, als freigebig du

---

* Helge: Hausaltar

gewesen, mir solche zu verleihen: Höre du Simpl. (denn anders
kann ich dich nicht nennen) wenn du das Vaterunser betest,
so mußt du also sprechen: Vater unser, der du bist im Himmel,
geheiliget werde dein Nam, zukomme uns dein Reich, dein Will
geschehe auf Erden wie im Himmel, unser täglich Brot gib uns
heut, und –

SIMPL.: Gelt du, auch Käs dazu?

EINS.: Ach liebes Kind, schweige und lerne, solches ist dir viel nötiger
als Käs, du bist wohl ungeschickt, wie dein Meuder gesagt hat,
solchen Buben wie du bist, stehet nicht an, einem alten Mann in
die Red zu fallen, sondern zu schweigen, zuzuhören und zu lernen,
wüßte ich nur, wo deine Eltern wohneten, so wollte ich dich gerne
wieder hinbringen, und sie zugleich lehren, wie sie Kinder erziehen
sollten.

SIMPL.: Ich weiß nicht, wo ich hin soll – unser Haus ist verbrennet,
und mein Meuder hinweggelaufen, und wieder kommen mit dem
Ursele, und mein Knan auch, und unser Magd ist krank gewesen,
und ist im Stall gelegen.

EINS.: Wer hat denn das Haus verbrennt?

SIMPL.: Ha, es sind so eiserne Männer kommen, die sind so auf
Dingern gesessen, groß wie Ochsen, haben aber keine Hörner,
dieselben Männer haben Schafe und Kühe und Säu gestochen,
und da bin ich auch weggelaufen, und da ist danach das
Haus verbrennt gewesen.

EINS.: Wo war denn dein Knan?

SIMPL.: Ha, die eisernen Männer haben
ihn angebunden, da hat ihm unser
alte Geiß die Füß geleckt, da hat
mein Knan lachen müssen, und hat
denselben eisernen Mannen viel

Weißpfennig geben, große und kleine, auch hübsche gelbe, und sonst schöne glitzerichte Dinger, und hübsche Schnür voll weißer Kügelein.

EINS.: Wann ist dies geschehen?

SIMPL.: Ei wie ich der Schaf hab hüten sollen, sie haben mir auch meine Sackpfeif wollen nehmen.

EINS.: Wann hast du der Schaf sollen hüten?

SIMPL.: Ei hörst dus nicht, da die eisernen Männer kommen sind, und danach hat unser Ann gesagt, ich soll auch weglaufen, sonst würden mich die Krieger mitnehmen, sie hat aber die eisernen Männer gemeinet, und da sein ich weggelaufen und sein hieher kommen.

EINS.: Wo hinaus willst du aber jetzt?

SIMPL.: Ich weiß weger nit, ich will bei dir hier bleiben.

EINS.: Dich hier zu behalten, ist weder mein noch dein Gelegenheit, iß, alsdann will ich dich wieder zu Leuten führen.

SIMPL.: Ei so sag mir denn auch, was Leut für Dinger sind?

EINS.: Leut sind Menschen wie ich und du, dein Knan, dein Meuder und euer Ann sind Menschen, und wenn deren viel beeinander sind, so werden sie Leut genennt.

SIMPL.: Haha.

EINS.: Nun geh und iß.

Dies war unser Diskurs, unter welchem mich der Einsiedel oft mit den allertiefsten Seufzern anschauete, nicht weiß ich, ob es darum geschah, weil er ein so groß Mitleiden mit meiner Einfalt und Unwissenheit hatte, oder aus der Ursach, die ich erst über etliche Jahr hernach erfuhr.

Nathan der Weise

NATHAN

Vor grauen Jahren lebt' ein Mann in Osten,
Der einen Ring von unschätzbarem Wert
Aus lieber Hand besaß. Der Stein war ein
Opal, der hundert schöne Farben spielte,
Und hatte die geheime Kraft, vor Gott
Und Menschen angenehm zu machen, wer
In dieser Zuversicht ihn trug. Was Wunder,
Daß ihn der Mann in Osten darum nie
Vom Finger ließ; und die Verfügung traf,
Auf ewig ihn bei seinem Hause zu
Erhalten? Nämlich so. Er ließ den Ring
Von seinen Söhnen dem geliebtesten;
Und setzte fest, daß dieser wiederum
Den Ring von seinen Söhnen dem vermache,
Der ihm der liebste sei; und stets der liebste,
Ohn' Ansehn der Geburt, in Kraft allein
Des Rings, das Haupt, der Fürst des Hauses werde. –
Versteh mich, Sultan.

SALADIN
Ich versteh' dich. Weiter!

NATHAN

So kam nun dieser Ring, von Sohn zu Sohn,
Auf einen Vater endlich von drei Söhnen;
Die alle drei ihm gleich gehorsam waren,
Die alle drei er folglich gleich zu lieben
Sich nicht entbrechen konnte. Nur von Zeit
Zu Zeit schien ihm bald der, bald dieser, bald
Der dritte, – sowie jeder sich mit ihm
Allein befand, und sein ergießend Herz

Die andern zwei nicht teilten, – würdiger
Des Ringes; den er denn auch einem jeden
Die fromme Schwachheit hatte, zu versprechen.
Das ging nun so, solang es ging. – Allein
Es kam zum Sterben, und der gute Vater
Kömmt in Verlegenheit. Es schmerzt ihn, zwei
Von seinen Söhnen, die sich auf sein Wort
Verlassen, so zu kränken. – Was zu tun? –
Er sendet in geheim zu einem Künstler,
Bei dem er, nach dem Muster seines Ringes,
Zwei andere bestellt, und weder Kosten
Noch Mühe sparen heißt, sie jenem gleich,
Vollkommen gleich zu machen. Das gelingt
Dem Künstler. Da er ihm die Ringe bringt,
Kann selbst der Vater seinen Musterring
Nicht unterscheiden. Froh und freudig ruft
Er seine Söhne, jeden insbesondre;
Gibt jedem insbesondre seinen Segen, –
Und seinen Ring, – und stirbt. – Du hörst doch,
Sultan?

SALADIN (*der sich betroffen von ihm gewandt*)
Ich hör, ich höre! – Komm mit deinem Märchen
Nur bald zu Ende. – Wird's?

NATHAN
Ich bin zu Ende.
Denn was noch folgt, versteht sich ja von selbst. –
Kaum war der Vater tot, so kömmt ein jeder
Mit seinem Ring, und jeder will der Fürst

des Hauses sein. Man untersucht, man zankt,
Man klagt. Umsonst; der rechte Ring war nicht
Erweislich; – (*nach einer Pause, in welcher er des
Sultans Antwort erwartet*)
Fast so unerweislich, als
Uns itzt – der rechte Glaube.

SALADIN
Wie? das soll
Die Antwort sein auf meine Frage? ...

NATHAN
Soll
Mich bloß entschuldigen, wenn ich die Ringe
Mir nicht getrau' zu unterscheiden, die
Der Vater in der Absicht machen ließ,
Damit sie nicht zu unterscheiden wären.

SALADIN
Die Ringe! – Spiele nicht mit mir! – Ich dächte,
Daß die Religionen, die ich dir
Genannt, doch wohl zu unterscheiden wären.
Bis auf die Kleidung, bis auf Speis' und Trank!

NATHAN
Und nur von seiten ihrer Gründe nicht. –
Denn gründen alle sich nicht auf Geschichte?
Geschrieben oder überliefert! – Und
Geschichte muß doch wohl allein auf Treu'
Und Glauben angenommen werden? – Nicht? –

Nun, wessen Treu' und Glauben zieht man denn
Am wenigsten in Zweifel? Doch der Seinen?
Doch deren Blut wir sind? doch deren, die
Von Kindheit an uns Proben ihrer Liebe
Gegeben? die uns nie getäuscht, als wo
Getäuscht zu werden uns heilsamer war? –
Wie kann ich meinen Vätern weniger
Als du den deinen glauben? Oder umgekehrt. –
Kann ich von dir verlangen, daß du deine
Vorfahren Lügen strafst, um meinen nicht
Zu widersprechen? Oder umgekehrt.
Das nämliche gilt von den Christen. Nicht? –

SALADIN
(Bei dem Lebendigen! Der Mann hat recht.
Ich muß verstummen.)

NATHAN
Laß auf unsre Ring'
Uns wieder kommen. Wie gesagt: die Söhne
Verklagten sich; und jeder schwur dem Richter,
Unmittelbar aus seines Vaters Hand
Den Ring zu haben. – Wie auch wahr! – Nachdem
Er von ihm lange das Versprechen schon
Gehabt, des Ringes Vorrecht einmal zu
Genießen. – Wie nicht minder wahr! – Der Vater,
Beteurte jeder, könne gegen ihn
Nicht falsch gewesen sein; und eh' er dieses
Von ihm, von einem solchen lieben Vater,
Argwohnen lass': eh' müss' er seine Brüder,

46

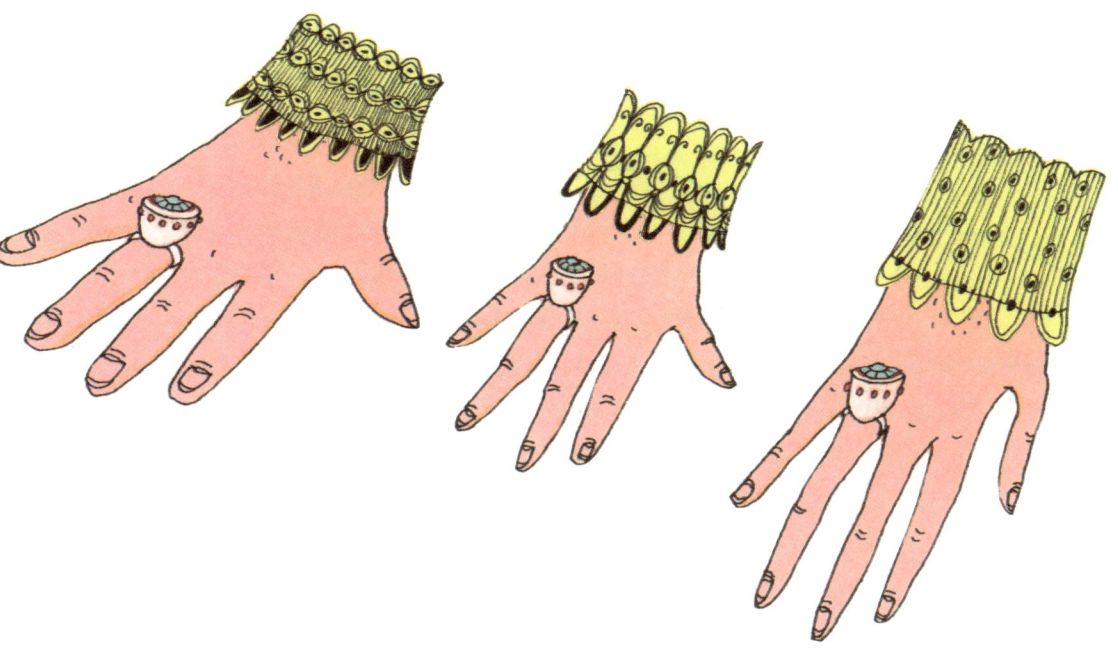

So gern er sonst von ihnen nur das Beste
Bereit zu glauben sei, des falschen Spiels
Bezeihen; und er wolle die Verräter
Schon auszufinden wissen; sich schon rächen.

SALADIN
Und nun, der Richter? – Mich verlangt zu hören,
Was du den Richter sagen lässest. Sprich!

NATHAN
Der Richter sprach: Wenn ihr mir nun den Vater
Nicht bald zur Stelle schafft, so weis' ich euch
Von meinem Stuhle. Denkt ihr, daß ich Rätsel
Zu lösen da bin? Oder harret ihr,
Bis daß der rechte Ring den Mund eröffne? –

47

Doch halt! Ich höre ja, der rechte Ring
Besitzt die Wunderkraft beliebt zu machen;
Vor Gott und Menschen angenehm. Das muß
Entscheiden! Denn die falschen Ringe werden
Doch das nicht können! – Nun: wen lieben zwei
von Euch am meisten? – Macht, sagt an! Ihr
schweigt?
Die Ringe wirken nur zurück? und nicht
Nach außen? – Jeder liebt sich selber nur
Am meisten? – O, so seid ihr alle drei
Betrogene Betrüger! Eure Ringe
Sind alle drei nicht echt. Der echte Ring
Vermutlich ging verloren. Den Verlust
Zu bergen, zu ersetzen, ließ der Vater
Die drei für einen machen.

SALADIN
Herrlich! Herrlich!

NATHAN
Und also, fuhr der Richter fort, wenn ihr
Nicht meinen Rat, statt meines Spruches, wollt:
Geht nur! – Mein Rat ist aber der: ihr nehmt
Die Sache völlig wie sie liegt. Hat von
Euch jeder sicher seinen Ring von seinem Vater:
So glaubte jeder sicher seinen Ring
Den echten. – Möglich: daß der Vater nun
Die Tyrannei des einen Rings nicht länger
In seinem Hause dulden wollen! – Und gewiß:
Daß er euch alle drei geliebt, und gleich

Geliebt: indem er zwei nicht drücken mögen,
Um einen zu begünstigen. – Wohlan!
Es eifre jeder seiner unbestochnen
Von Vorurteilen freien Liebe nach!
Es strebe von euch jeder um die Wette,
Die Kraft des Steins in seinem Ring' an Tag
Zu legen! komme dieser Kraft mit Sanftmut,
Mit herzlicher Verträglichkeit, mit Wohltun,
Mit innigster Ergebenheit in Gott
Zu Hilf'! Und wenn sich dann der Steine Kräfte
Bei euern Kindes-Kindeskindern äußern:
So lad' ich über tausend tausend Jahre
Sie wiederum vor diesen Stuhl. Da wird
Ein weisrer Mann auf diesem Stuhle sitzen
Als ich; und sprechen. Geht! – So sagte der
Bescheidne Richter.

SALADIN
Gott! Gott!

NATHAN
Saladin,
Wenn du dich fühlest, dieser weisere
Versprochne Mann zu sein: ...

SALADIN (*der auf ihn zustürzt und seine Hand ergreift,*
die er bis zu Ende nicht wieder fahren läßt)
Ich Staub? Ich nichts?
O Gott!

NATHAN
Was ist dir Sultan?

SALADIN
Nathan, lieber Nathan! –
Die tausend tausend Jahre deines Richters
Sind noch nicht um. – Sein Richterstuhl ist nicht
Der meine. – Geh! – Geh! – Aber sei mein Freund.

GOTTHOLD EPHRAIM LESSING

Lob der Faulheit

Faulheit, jetzo will ich dir
Auch ein kleines Loblied bringen. –
O – – wie – – sau – – er – wird es mir, – –
Dich – – nach Würden – – zu besingen!
Doch, ich will mein Bestes tun,
Nach der Arbeit ist gut ruhn.

Höchstes Gut! wer dich nur hat,
Dessen ungestörtes Leben – –
Ach! – – ich – – gähn' – – ich – – werde matt – –
Nun – – so – – magst du – – mir's vergeben,
Daß ich dich nicht singen kann;
Du verhinderst mich ja dran.

GOTTFRIED AUGUST BÜRGER

Der Bauer

An seinen Durchlauchtigen Tyrannen

Wer bist du, Fürst, daß ohne Scheu
Zerrollen mich dein Wagenrad,
Zerschlagen darf dein Roß?

Wer bist du, Fürst, daß in mein Fleisch
Dein Freund, dein Jagdhund, ungebläut
Darf Klau' und Rachen hau'n?

Wer bist du, daß, durch Saat und Forst,
Das Hurra deiner Jagd mich treibt,
Entatmet, wie das Wild? –

Die Saat, so deine Jagd zertritt,
Was Roß, und Hund, und Du verschlingst,
Das Brot, du Fürst, ist mein.

Du Fürst hast nicht, bei Egg' und Pflug,
Hast nicht den Erntetag durchschwitzt.
Mein, mein ist Fleiß und Brot! –

Ha! du wärst Obrigkeit von Gott?
Gott spendet Segen aus; du raubst!
Du nicht von Gott, Tyrann!

MATTHIAS CLAUDIUS

Abendlied

Der Mond ist aufgegangen;
die goldnen Sternlein prangen
am Himmel hell und klar;
der Wald steht schwarz und schweiget,
und aus den Wiesen steiget
der weiße Nebel wunderbar.

Wie ist die Welt so stille
und in der Dämmrung Hülle
so traulich und so hold.
Als eine stille Kammer,
wo ihr des Tages Jammer
verschlafen und vergessen sollt.

Seht ihr den Mond dort stehen?
Er ist nur halb zu sehen
und ist doch rund und schön!
So sind wohl manche Sachen,
die wir getrost belachen,
weil unsre Augen sie nicht sehn.

Wir stolze Menschenkinder
sind eitel arme Sünder
und wissen gar nicht viel;
wir spinnen Luftgespinste
und suchen viele Künste
und kommen weiter von dem Ziel.

Gott, laß uns dein Heil schauen,
auf nichts Vergänglichs trauen,
nicht Eitelkeit uns freun!
Laß uns einfältig werden
und vor dir hier auf Erden
wie Kinder fromm und fröhlich sein!

Wollst endlich sonder Grämen
aus dieser Welt uns nehmen
durch einen sanften Tod.
Und, wenn du uns genommen,
laß uns in Himmel kommen,
du unser Herr und unser Gott!

So legt euch denn, ihr Brüder,
in Gottes Namen nieder;
kalt ist der Abendhauch.
Verschon uns, Gott, mit Strafen,
und laß uns ruhig schlafen!
Und unsern kranken Nachbarn auch!

JOHANN WOLFGANG VON GOETHE

Die Leiden des jungen Werthers

Am 4. Mai 1771

Übrigens befinde ich mich hier gar wohl, die Einsamkeit ist meinem Herzen köstlicher Balsam in dieser paradiesischen Gegend, und diese Jahreszeit der Jugend wärmt mit aller Fülle mein oft schauderndes Herz. Jeder Baum, jede Hecke ist ein Strauß von Blüten, und man möchte zum Maikäfer werden, um in dem Meer von Wohlgerüchen herumschweben und alle seine Nahrung darin finden zu können …

Am 10. Mai

Eine wunderbare Heiterkeit hat meine ganze Seele eingenommen, gleich den süßen Frühlingsmorgen, die ich mit ganzem Herzen genieße. […] Ich bin so glücklich, mein Bester, so ganz in dem Gefühle von ruhigem Dasein versunken, daß meine Kunst darunter leidet. Ich könnte jetzt nicht zeichnen, nicht einen Strich, und bin nie ein größerer Maler gewesen als in diesen Augenblicken. Wenn das liebe Tal um mich dampft und die hohe Sonne an der Oberfläche der undurchdringlichen Finsternis meines Waldes ruht und nur einzelne Strahlen sich in das innere Heiligtum stehlen, ich dann im hohen Grase am fallenden Bache liege und näher an der Erde tausend mannigfaltige Gräschen mir merkwürdig werden; wenn ich das Wimmeln der kleinen Welt zwischen Halmen, die unzähligen, unergründlichen

Gestalten der Würmchen, der Mückchen näher an meinem Herzen fühle, und fühle die Gegenwart des Allmächtigen, der uns nach seinem Bilde schuf, das Wehen des All-liebenden, der uns in ewiger Wonne schwebend trägt und erhält; mein Freund! wenns dann um meine Augen dämmert und die Welt um mich her und der Himmel ganz in meiner Seele ruhn wie die Gestalt einer Geliebten – dann sehne ich mich oft und denke: ach könntest du das wieder ausdrücken, könntest du dem Papier das einhauchen, was so voll, so warm in dir lebt; daß es würde der Spiegel deiner Seele, wie deine Seele ist der Spiegel des unendlichen Gottes! – Mein Freund – Aber ich gehe darüber zugrunde, ich erliege unter der Gewalt der Herrlichkeit dieser Erscheinungen.

Faust

Der Tragödie erster Teil

Nacht. In einem hochgewölbten,
engen gotischen Zimmer.
Faust, unruhig auf seinem Sessel am Pulte.

Faust
Habe nun, ach! Philosophie,
Juristerei und Medizin
Und leider auch Theologie
Durchaus studiert, mit heißem Bemühn.
Da steh ich nun, ich armer Tor!
Und bin so klug als wie zuvor;
Heiße Magister, heiße Doktor gar,
Und ziehe schon an die zehen Jahr
Herauf, herab und quer und krumm
Meine Schüler an der Nase herum –
Und sehe, daß wir nichts wissen können!
Das will mir schier das Herz verbrennen.
Zwar bin ich gescheiter als alle die Laffen,
Doktoren, Magister, Schreiber und Pfaffen;
Mich plagen keine Skrupel noch Zweifel,
Fürchte mich weder vor Hölle noch Teufel –
Dafür ist mir auch alle Freud entrissen,
Bilde mir nicht ein, was Rechts zu wissen,

Bilde mir nicht ein, ich könnte was lehren,
Die Menschen zu bessern und zu bekehren.
Auch hab ich weder Gut noch Geld
Noch Ehr und Herrlichkeit der Welt;
Es möchte kein Hund so länger leben!
Drum hab ich mich der Magie ergeben,
Ob mir durch Geistes Kraft und Mund
Nicht manch Geheimnis würde kund;
Daß ich nicht mehr mit sauerm Schweiß
Zu sagen brauche, was ich nicht weiß;
Daß ich erkenne, was die Welt
Im Innersten zusammenhält.

Johann Wolfgang von Goethe

Der Zauberlehrling

Hat der alte Hexenmeister
sich doch einmal wegbegeben!
Und nun sollen seine Geister
auch nach meinem Willen leben.
Seine Wort und Werke
merkt ich und den Brauch,
und mit Geistesstärke
tu ich Wunder auch.
Walle! walle
manche Strecke,
daß zum Zwecke
Wasser fließe
und mit reichem, vollem Schwalle
zu dem Bade sich ergieße.

Und nun komm, du alter Besen,
nimm die schlechten Lumpenhüllen!
Bist schon lange Knecht gewesen;
nun erfülle meinen Willen!
Auf zwei Beinen stehe,
oben sei ein Kopf!
Eile nun und gehe
mit dem Wassertopf!

Walle! walle
manche Strecke,
daß zum Zwecke
Wasser fließe
und mit reichem, vollem Schwalle
zu dem Bade sich ergieße.

Seht, er läuft zum Ufer nieder,
wahrlich! ist schon an dem Flusse,
und mit Blitzesschnelle wieder
ist er hier mit raschem Gusse.
Schon zum zweiten Male!
Wie das Becken schwillt!
Wie sich jede Schale
voll mit Wasser füllt!
Stehe! Stehe!
Denn wir haben
deiner Gaben
vollgemessen! –
Ach, ich merk es! Wehe! wehe!
Hab ich doch das Wort vergessen –

Ach! das Wort, worauf am Ende
er das wird, was er gewesen.
Ach, er läuft und bringt behende!
Wärst du doch der alte Besen!

Immer neue Güsse
bringt er schnell herein,
ach! und hundert Flüsse
stürzen auf mich ein.
Nein, nicht länger
kann ich's lassen;
will ihn fassen.
Das ist Tücke!
Ach, nun wird mir immer bänger!
Welche Miene! welche Blicke!

O, du Ausgeburt der Hölle!
Soll das ganze Haus ersaufen?
Seh ich über jede Schwelle
doch schon Wasserströme laufen.
Ein verruchter Besen,
der nicht hören will!
Stock, der du gewesen,
steh doch wieder still!
Willst's am Ende
gar nicht lassen?
Will dich fassen,
will dich halten
und das alte Holz behende
mit dem scharfen Beile spalten.

Seht, da kommt er schleppend wieder!
Wie ich mich nun auf dich werfe,
gleich, o Kobold, liegst du nieder;
krachend trifft die glatte Schärfe.
Wahrlich! brav getroffen!
Seht, er ist entzwei!
Und nun kann ich hoffen,
und ich atme frei.
Wehe! wehe!
Beide Teile
stehn in Eile
schon als Knechte
völlig fertig in die Höhe!
Helft mir, ach! ihr hohen Mächte!

Und sie laufen! Naß und nässer
wird's im Saal und auf den Stufen.
Welch entsetzliches Gewässer!
Herr und Meister! hör mich rufen! –
Ach, da kommt der Meister!
Herr, die Not ist groß!
Die ich rief, die Geister,
werd ich nun nicht los.
„In die Ecke,
Besen! Besen!
Seid's gewesen!
Denn als Geister
ruft euch nur zu seinem Zwecke
erst hervor der alte Meister."

FRIEDRICH SCHILLER

Wilhelm Tell

Wir haben diesen Boden uns *erschaffen*
Durch unsrer Hände Fleiß, den alten Wald,
Der sonst der Bären wilde Wohnung war,
Zu einem Sitz für Menschen umgewandelt,
[...]
Unser ist durch tausendjährigen Besitz
Der Boden – und der fremde Herrenknecht
Soll kommen dürfen und uns Ketten schmieden,
Und Schmach antun auf unsrer eignen Erde?
Ist keine Hülfe gegen solchen Drang?
(Eine große Bewegung unter den Landleuten)
Nein, eine Grenze hat Tyrannenmacht,
Wenn der Gedrückte nirgends Recht kann finden,
Wenn unerträglich wird die Last – greift er
Hinauf getrosten Mutes in den Himmel
Und holt herunter seine ewgen Rechte,
Die droben hangen unveräußerlich
Und unzerbrechlich wie die Sterne selbst –
Der alte Urstand der Natur kehrt wieder,
Wo Mensch dem Menschen gegenübersteht –
Zum letzten Mittel, wenn kein andres mehr
Verfangen will, ist ihm das Schwert gegeben –
Der Güter höchstes dürfen wir verteidgen
Gegen Gewalt – Wir stehn vor unser Land,
Wir stehn vor unsre Weiber, unsre Kinder!

FRIEDRICH SCHILLER

Kabale und Liebe

ZWEITER AKT, *Zweite Szene*

Ein alter Kammerdiener des Fürsten, der ein Schmuckkästchen trägt. Die Vorigen.

KAMMERDIENER
Seine Durchlaucht der Herzog empfehlen sich Mylady zu Gnaden, und schicken Ihnen diese Brillanten zur Hochzeit. Sie kommen soeben erst aus Venedig.

LADY (*hat das Kästchen geöffnet und fährt erschrocken zurück*)
Mensch! was bezahlt dein Herzog für diese Steine?

KAMMERDIENER (*mit finsterem Gesicht*)
Sie kosten ihn keinen Heller.

LADY
Was? Bist du rasend? Nichts? – und (*indem sie einen Schritt von ihm wegtritt*) du wirfst mir ja einen Blick zu, als wenn du mich durchbohren wolltest – Nichts kosten ihn diese unermeßlich kostbaren Steine?

KAMMERDIENER
Gestern sind siebentausend Landskinder nach Amerika fort –
Die zahlen alles.

LADY (*setzt den Schmuck plötzlich nieder und geht rasch durch den Saal, nach einer Pause zum Kammerdiener hin*)
Mann, was ist dir? Ich glaube, du weinst?

KAMMERDIENER (*wischt sich die Augen, mit schrecklicher Stimme, alle Glieder zitternd*)
Edelsteine wie *diese* da – Ich hab auch ein paar Söhne drunter.

LADY (*wendet sich bebend weg, seine Hand fassend*)
Doch keinen Gezwungenen?

KAMMERDIENER (*lacht fürchterlich*)
O Gott – Nein – lauter Freiwillige. Es traten wohl so etliche vorlaute Bursch vor die Front heraus und fragten den Obersten, wie teuer der Fürst das Joch Menschen verkaufe? – aber unser gnädigster Landesherr ließ alle Regimenter auf dem Paradeplatz aufmarschieren und die Maulaffen niederschießen. Wir hörten die Büchsen knallen, sahen ihr Gehirn auf das Pflaster sprützen, und die ganze Armee schrie: *Juchhe nach Amerika!* –

LADY (*fällt mit Entsetzen in den Sofa*)
Gott! Gott! – Und ich hörte nichts? Und ich merkte nichts?

KAMMERDIENER
Ja, gnadige Frau – warum mußtet Ihr denn mit unserm Herrn gerad auf die Bärenhatz reiten, als man den Lärmen zum Aufbruch schlug? – Die Herrlichkeit hättet Ihr doch nicht versäumen sollen, wie uns die gellenden Trommeln verkündigten, es ist Zeit, und heulende Waisen dort einen lebendigen Vater verfolgten, und hier eine wütende Mutter lief, ihr saugendes Kind an Bajonetten zu spießen, und wie

man Bräutigam und Braut mit Säbelhieben auseinanderriß, und wir
Graubärte verzweiflungsvoll dastanden und den Burschen auch
zuletzt die Krücken noch nachwarfen in die neue Welt – Oh, und
mitunter das polternde Wirbelschlagen, damit der Allwissende uns
nicht sollte beten hören –

LADY (*steht auf, heftig bewegt*)
Weg mit diesen Steinen – sie blitzen Höllenflammen in mein Herz.
(*Sanfter zum Kammerdiener*) Mäßige dich, armer alter Mann.
Sie werden wiederkommen. Sie werden ihr Vaterland wiedersehen.

KAMMERDIENER (*warm und voll*)
Das weiß der Himmel! Das werden sie! – Noch am Stadttor drehten
sie sich um und schrien: „Gott mit euch, Weib und Kinder! – Es leb
unser Landesvater – am Jüngsten Gericht sind wir wieder da!" –

LADY (*mit starkem Schritt auf und niedergehend*)
Abscheulich! Fürchterlich! – *Mich* beredete man, ich habe sie alle
getrocknet, die Tränen des Landes – Schrecklich, schrecklich gehen
mir die Augen auf – Geh du – Sag deinem Herrn – Ich werd ihm
persönlich danken. (*Kammerdiener will gehen, sie wirft ihm ihre
Goldbörse in den Hut*) Und das nimm, weil du mir Wahrheit
sagtest –

KAMMERDIENER (*wirft sie verächtlich auf den Tisch zurück*)
Legts zu dem übrigen. (*Er geht ab*)

LADY (*sieht ihm erstaunt nach*)
Sophie, spring ihm nach, frag ihn um seinen Namen. Er soll seine
Söhne wiederhaben.

FRIEDRICH SCHILLER

Der Taucher

„Wer wagt es, Rittersmann oder Knapp,
  Zu tauchen in diesen Schlund?
  Einen goldnen Becher werf ich hinab,
  Verschlungen schon hat ihn der schwarze Mund.
  Wer mir den Becher kann wieder zeigen,
  Er mag ihn behalten, er ist sein eigen."

Der König spricht es und wirft von der Höh
  Der Klippe, die schroff und steil
  Hinaushängt in die unendliche See,
  Den Becher in der Charybde Geheul.
„Wer ist der Beherzte, ich frage wieder,
  Zu tauchen in diese Tiefe nieder?"

Und die Ritter, die Knappen um ihn her
  Vernehmens und schweigen still,
  Sehen hinab in das wilde Meer,
  Und keiner den Becher gewinnen will.
  Und der König zum drittenmal wieder fraget:
„Ist keiner, der sich hinunterwaget?"

Doch alles noch stumm bleibt wie zuvor,
Und ein Edelknecht, sanft und keck,
Tritt aus der Knappen zagendem Chor,
Und den Gürtel wirft er, den Mantel weg,
Und alle die Männer umher und Frauen
Auf den herrlichen Jüngling verwundert schauen.

Und wie er tritt an des Felsen Hang
Und blickt in den Schlund hinab,
Die Wasser, die sie hinunterschlang,
Die Charybde jetzt brüllend wiedergab,
Und wie mit des fernen Donners Getose
Entstürzen sie schäumend dem finstern Schoße.

Und es wallet und siedet und brauset und zischt,
Wie wenn Wasser mit Feuer sich mengt,
Bis zum Himmel spritzet der dampfende Gischt,
Und Flut auf Flut sich ohn Ende drängt,
Und will sich nimmer erschöpfen und leeren,
Als wollte das Meer noch ein Meer gebären.

Doch endlich, da legt sich die wilde Gewalt,
Und schwarz aus dem weißen Schaum
Klafft hinunter ein gähnender Spalt,
Grundlos, als gings in den Höllenraum,
Und reißend sieht man die brandenden Wogen
Hinab in den strudelnden Trichter gezogen.

Jetzt schnell, eh die Brandung wiederkehrt,
Der Jüngling sich Gott befiehlt,
Und – ein Schrei des Entsetzens wird rings gehört,
Und schon hat ihn der Wirbel hinweggespült,
Und geheimnisvoll über dem kühnen Schwimmer
Schließt sich der Rachen, er zeigt sich nimmer.

Und stille wirds über dem Wasserschlund,
In der Tiefe nur brauset es hohl,
Und bebend hört man von Mund zu Mund:
„Hochherziger Jüngling, fahre wohl!“
Und hohler und hohler hört mans heulen,
Und es harrt noch mit bangem, mit schrecklichem Weilen.

Und wärfst du die Krone selber hinein
Und sprächst: Wer mir bringet die Kron,
Er soll sie tragen und König sein,
Mich gelüstete nicht nach dem teuren Lohn.
Was die heulende Tiefe da unten verhehle,
Das erzählt keine lebende glückliche Seele.

Wohl manches Fahrzeug, vom Strudel gefaßt,
Schoß gäh in die Tiefe hinab,
Doch zerschmettert nur rangen sich Kiel und Mast
Hervor aus dem alles verschlingenden Grab –
Und heller und heller wie Sturmes Sausen
Hört mans näher und immer näher brausen.

Und es wallet und siedet und brauset und zischt,
Wie wenn Wasser mit Feuer sich mengt,
Bis zum Himmel spritzet der dampfende Gischt,
Und Well auf Well sich ohn Ende drängt,
Und wie mit des fernen Donners Getose
Entstürzt es brüllend dem finstern Schoße.

Und sieh! aus dem finster flutenden Schoß
Da hebet sichs schwanenweiß,
Und ein Arm und ein glänzender Nacken wird bloß,
Und es rudert mit Kraft und mit emsigem Fleiß,
Und er ists, und hoch in seiner Linken
Schwingt er den Becher mit freudigem Winken.

Und atmete lang und atmete tief
Und begrüßte das himmlische Licht.
Mit Frohlocken es einer dem andern rief:
„Er lebt! Er ist da! Es behielt ihn nicht.
Aus dem Grab, aus der strudelnden Wasserhöhle
Hat der Brave gerettet die lebende Seele."

Und er kommt, es umringt ihn die jubelnde Schar,
Zu des Königs Füßen er sinkt,
Den Becher reicht er ihm kniend dar,
Und der König der lieblichen Tochter winkt,
Die füllt ihn mit funkelndem Wein bis zum Rande,
Und der Jüngling sich also zum König wandte:

„Lang lebe der König! Es freue sich,
  Wer da atmet im rosigsten Licht!
  Da unten aber ists fürchterlich,
  Und der Mensch versuche die Götter nicht
  Und begehre nimmer und nimmer zu schauen,
  Was sie gnädig bedecken mit Nacht und Grauen.

  Es riß mich hinunter blitzesschnell,
  Da stürzt' mir aus felsigtem Schacht
  Wildflutend entgegen ein reißender Quell,
  Mich packte des Doppelstroms wütende Macht,
  Und wie einen Kreisel mit schwindelndem Drehen
  Trieb michs um, ich konnte nicht widerstehen.

  Da zeigte mir Gott, zu dem ich rief
  In der höchsten schrecklichen Not,
  Aus der Tiefe ragend ein Felsenriff,
  Das erfaßt' ich behend und entrann dem Tod,
  Und da hing auch der Becher an spitzen Korallen,
  Sonst wär er ins Bodenlose gefallen.

  Denn unter mir lags noch, bergetief,
  In purpurner Finsternis da,
  Und obs hier dem Ohre gleich ewig schlief,
  Das Auge mit Schaudern hinuntersah,
  Wie's von Salamandern und Molchen und Drachen
  Sich regt' in dem furchtbaren Höllenrachen.

Schwarz wimmelten da, in grausem Gemisch,
Zu scheußlichen Klumpen geballt,
Der stachligte Roche, der Klippenfisch,
Des Hammers greuliche Ungestalt,
Und dräuend wies mir die grimmigen Zähne
Der entsetzliche Hai, des Meeres Hyäne.

Und da hing ich und wars mir mit Grauen bewußt,
Von der menschlichen Hülfe so weit,
Unter Larven die einzige fühlende Brust,
Allein in der gräßlichen Einsamkeit,
Tief unter dem Schall der menschlichen Rede
Bei den Ungeheuern der traurigen Öde.

Und schaudernd dacht ichs, da krochs heran,
Regte hundert Gelenke zugleich,
Will schnappen nach mir; in des Schreckens Wahn
Laß ich los der Koralle umklammerten Zweig,
Gleich faßt mich der Strudel mit rasendem Toben,
Doch es war mir zum Heil, er riß mich nach oben.“

Der König darob sich verwundert schier
Und spricht: „Der Becher ist dein,
Und diesen Ring noch bestimm ich dir,
Geschmückt mit dem köstlichsten Edelgestein,
Versuchst dus noch einmal und bringst mir Kunde,
Was du sahst auf des Meeres tiefunterstem Grunde?“

Das hörte die Tochter mit weichem Gefühl,
Und mit schmeichelndem Munde sie fleht:
„Laßt, Vater, genug sein das grausame Spiel,
Er hat Euch bestanden, was keiner besteht,
Und könnt Ihr des Herzens Gelüsten nicht zähmen,
So mögen die Ritter den Knappen beschämen."

Darauf der König greift nach dem Becher schnell,
In den Strudel ihn schleudert hinein:
„Und schaffst du den Becher mir wieder zur Stell,
So sollst du der trefflichste Ritter mir sein
Und sollst sie als Ehgemahl heut noch umarmen,
Die jetzt für dich bittet mit zartem Erbarmen."

Da ergreifts ihm die Seele mit Himmelsgewalt,
Und es blitzt aus den Augen ihm kühn,
Und er siehet erröten die schöne Gestalt
Und sieht sie erbleichen und sinken hin,
Da treibts ihn, den köstlichen Preis zu erwerben,
Und stürzt hinunter auf Leben und Sterben.

Wohl hört man die Brandung, wohl kehrt sie zurück,
Sie verkündigt der donnernde Schall,
Da bückt sichs hinunter mit liebendem Blick,
Es kommen, es kommen die Wasser all,
Sie rauschen herauf, sie rauschen nieder,
Den Jüngling bringt keines wieder.

Kannitverstan

Der Mensch hat wohl täglich Gelegenheit, in Emmendingen und
Gundelfingen so gut als in Amsterdam, Betrachtungen über den
Unbestand aller irdischen Dinge anzustellen, wenn er will, und
zufrieden zu werden mit seinem Schicksal, wenn auch nicht viel
gebratene Tauben für ihn in der Luft herumfliegen. Aber auf dem
seltsamsten Umweg kam ein deutscher Handwerksbursche in
Amsterdam durch den Irrtum zur Wahrheit und zu ihrer Erkenntnis.
Denn als er in diese große und reiche Handelsstadt voll prächtiger
Häuser, wogender Schiffe und geschäftiger Menschen gekommen
war, fiel ihm sogleich ein großes und schönes Haus in die Augen,
wie er auf seiner ganzen Wanderschaft von Tuttlingen bis nach
Amsterdam noch keines erlebt hatte. Lange betrachtete er mit
Verwunderung dies kostbare Gebäude, die sechs Kamine auf dem
Dach, die schönen Gesimse und die hohen Fenster, größer als an des
Vaters Haus daheim die Tür. Endlich konnte er sich nicht entbrechen,
einen Vorübergehenden anzureden. „Guter Freund", redete er ihn an,
„könnt Ihr mir nicht sagen, wie der Herr heißt, dem dieses wunder-
schöne Haus gehört mit den Fenstern voll Tulipanen, Sternenblumen
und Levkojen?" – Der Mann aber, der vermutlich etwas Wichtigeres
zu tun hatte und zum Unglück gerade soviel von der deutschen
Sprache verstand als der Fragende von der holländischen, nämlich
nichts, sagte kurz und schnauzig: *„Kannitverstan"*, und schnurrte
vorüber. Dies war ein holländisches Wort, oder drei, wenn man's
recht betrachtet, und heißt auf deutsch soviel als: *Ich kann Euch
nicht verstehen*. Aber der gute Fremdling glaubte, es sei der Name

des Mannes, nach dem er gefragt hatte. Das muß ein grundreicher Mann sein, der Herr Kannitverstan, dachte er und ging weiter.

Gass' aus, Gass' ein kam er endlich an den Meerbusen, der da heißt, Het Ey, oder auf deutsch: Das Ypsilon. Da stand nun Schiff an Schiff und Mastbaum an Mastbaum, und er wußte anfänglich nicht, wie er es mit seinen zwei einzigen Augen durchfechten werde, alle diese Merkwürdigkeiten genug zu sehen und zu betrachten, bis endlich ein großes Schiff seine Aufmerksamkeit an sich zog, das vor kurzem aus Ostindien angelangt war und jetzt eben ausgeladen wurde. Schon standen ganze Reihen von Kisten und Ballen auf- und nebeneinander am Lande. Noch immer wurden mehrere herausgewälzt, und Fässer voll Zucker und Kaffee, voll Reis und Pfeffer, und salveni* Mausdreck darunter. Als er aber lange zugesehen hatte, fragte er endlich einen, der eben eine Kiste auf der Achsel heraustrug, wie der glückliche Mann heiße, dem das Meer alle diese Waren an das Land bringe. „*Kannitverstan!*" war die Antwort. Da dachte er: Haha, schaut's da heraus? Kein Wunder! Wem das Meer solche Reichtümer an das Land schwemmt, der hat gut solche Häuser in die Welt stellen und solcherlei Tulipanen vor die Fenster in vergoldeten Scherben. Jetzt ging er wieder zurück und stellte eine recht traurige Betrachtung bei sich selbst an, was er für ein armer Mensch sei unter soviel reichen Leuten in der Welt. Aber als er eben dachte: Wenn ich's doch nur auch einmal so gut bekäme, wie dieser Herr Kannitverstan es hat, kam er um eine Ecke und erblickte einen großen Leichenzug. Vier schwarz vermummte Pferde zogen einen ebenfalls schwarz überzogenen Leichenwagen langsam und traurig, als ob sie wüßten, daß sie einen Toten in seine Ruhe führten. Ein langer Zug von Freunden und Bekannten des Verstorbenen folgte nach, Paar und Paar, verhüllt

---

* mit Verlaub zu sagen

in schwarze Mäntel und stumm. In der Ferne läutete ein einsames Glöcklein. Jetzt ergriff unsern Fremdling ein wehmütiges Gefühl, das an keinem guten Menschen vorübergeht, wenn er eine Leiche sieht, und er blieb mit dem Hut in den Händen andächtig stehen, bis alles vorüber war. Doch machte er sich an den letzten vom Zug, der eben in der Stille ausrechnete, was er an seiner Baumwolle gewinnen könnte, wenn der Zentner um zehn Gulden aufschlüge, ergriff ihn sachte am Mantel und bat ihn treuherzig um Exküse*. „Das muß wohl auch ein guter Freund von Euch gewesen sein", sagte er, „dem das Glöcklein läutet, daß Ihr so betrübt und nachdenklich mitgeht?" – „*Kannitverstan*!" war die Antwort. Da fielen unserm guten Tuttlinger ein paar große Tränen aus den Augen, und es ward ihm auf einmal schwer und wieder leicht ums Herz. „Armer Kannitverstan", rief er aus, „was hast du nun von all deinem Reichtum? Was ich einst von meiner Armut auch bekomme: ein Totenkleid und ein Leintuch, und von all deinen schönen Blumen vielleicht einen Rosmarin auf die kalte Brust, oder eine Raute." Mit diesen Gedanken begleitete er die Leiche, als wenn er dazu gehörte, bis ans Grab, sah den vermeinten Herrn Kannitverstan hinabsenken in seine Ruhestätte und ward von der holländischen Leichenpredigt, von der er kein Wort verstand, mehr gerührt als von mancher deutschen, auf die er nicht acht gab. Endlich ging er leichten Herzens mit den andern wieder fort, verzehrte in einer Herberge, wo man Deutsch verstand, mit gutem Appetit ein Stück Limburger Käse, und wenn es ihm wieder einmal schwer fallen wollte, daß so viele Leute in der Welt so reich seien und er so arm, so dachte er nur an den Herrn Kanniverstan in Amsterdam, an sein großes Haus, an sein reiches Schiff und an sein enges Grab.

---

* Entschuldigung

FRIEDRICH HÖLDERLIN

Abendphantasie

Vor seiner Hütte ruhig im Schatten sitzt
Der Pflüger, dem Genügsamen raucht sein Herd.
Gastfreundlich tönt dem Wanderer im
Friedlichen Dorfe die Abendglocke.

Wohl kehren itzt die Schiffer zum Hafen auch,
In fernen Städten, fröhlich verrauscht des Markts
Geschäftiger Lärm; in stiller Laube
Glänzt das gesellige Mahl den Freunden.

Wohin denn ich? Es leben die Sterblichen
Von Lohn und Arbeit; wechselnd in Müh und Ruh
Ist alles freudig; warum schläft denn
Nimmer nur mir in der Brust der Stachel?

Am Abendhimmel blühet ein Frühling auf;
Unzählig blühn die Rosen und ruhig scheint
Die goldne Welt; o dorthin nimmt mich,
Purpurne Wolken! und möge droben

In Licht und Luft zerrinnen mir Lieb und Leid! –
Doch, wie verscheucht von töriger Bitte, flieht
Der Zauber; dunkel wirds und einsam
Unter dem Himmel, wie immer, bin ich –

Komm du nun, sanfter Schlummer! zu viel begehrt
Das Herz; doch endlich, Jugend! verglühst du ja,
Du ruhelose, träumerische!
Friedlich und heiter ist dann das Alter.

Heinrich von Ofterdingen

Die Eltern lagen schon und schliefen, die Wanduhr schlug ihren einförmigen Takt, vor den klappernden Fenstern sauste der Wind; abwechselnd wurde die Stube hell von dem Schimmer des Mondes. Der Jüngling lag unruhig auf seinem Lager und gedachte des Fremden und seiner Erzählungen. „Nicht die Schätze sind es, die ein so unaussprechliches Verlangen in mir geweckt haben", sagte er zu sich selbst; „fernab liegt mir alle Habsucht: aber die blaue Blume sehn' ich mich zu erblicken. Sie liegt mir unaufhörlich im Sinn, und ich kann nichts anders dichten und denken. So ist mir noch nie zumute gewesen: es ist, als hätt' ich vorhin geträumt oder ich wäre in eine andere Welt hinübergeschlummert; denn in der Welt, in der ich sonst lebte, wer hätte da sich um Blumen bekümmert, und gar von einer so seltsamen Leidenschaft für eine Blume hab' ich damals nie gehört. Wo eigentlich nur der Fremde herkam? Keiner von uns hat je einen ähnlichen Menschen gesehn; doch weiß ich nicht, warum nur ich von seinen Reden so ergriffen worden bin; die andern haben ja das nämliche gehört, und keinem ist so etwas begegnet. Daß ich auch nicht einmal von meinem wunderlichen Zustande reden kann! Es ist mir oft so entzückend wohl, und nur dann, wenn ich die Blume nicht recht gegenwärtig habe, befällt mich so ein tiefes, inniges Treiben: das kann und wird keiner verstehn. Ich glaubte, ich wäre wahnsinnig, wenn ich nicht so klar und hell sähe und dächte, mir ist seitdem alles viel bekannter. Ich hörte einst von alten Zeiten reden; wie da die Tiere und Bäume und Felsen mit den Menschen gesprochen hätten. Mir ist gerade so, als wollten sie allaugenblicklich anfangen, und als könnte ich es ihnen ansehen, was sie mir sagen wollten. Es muß noch viel Worte geben, die ich nicht weiß: wüßte ich mehr, so könnte ich viel besser alles begreifen. Sonst tanzte ich gern; jetzt denke ich lieber nach der Musik." – Der Jüngling verlor sich allmählich in süßen Phantasien und entschlummerte. Da träumte ihm erst von unabsehlichen Fernen und wilden, unbekannten Gegenden. Er wanderte über Meere mit unbegreiflicher Leichtigkeit; wunderliche Tiere sah er; er lebte mit mannigfaltigen Menschen, bald im Kriege, in wildem Getümmel, in stillen Hütten. Er geriet in Gefangenschaft und die schmählichste Not. Alle Empfindungen stiegen bis zu einer niegekannten Höhe in ihm. Er durchlebte ein unendlich buntes Leben; starb und kam wieder, liebte bis zur höchsten Leidenschaft und war dann wieder auf ewig von seiner Geliebten getrennt. Endlich gegen Morgen, wie draußen die Dämmerung anbrach, wurde es stiller in seiner Seele, klarer und bleibender wurden die Bilder. Es kam ihm vor, als ginge er in einem dunkeln Walde allein. Nur selten schimmerte der Tag durch das grüne Netz. Bald kam er vor eine Felsenschlucht, die bergan stieg. Er mußte über bemooste Steine klettern, die ein ehemaliger Strom heruntergerissen hatte. Je höher er kam, desto lichter wurde der Wald. Endlich gelangte er zu einer kleinen Wiese, die am Hange des Berges lag. Hinter der Wiese erhob sich eine hohe Klippe, an deren Fuß er eine Öffnung erblickte, die der Anfang eines in den Felsen gehauenen Ganges zu sein schien. Der Gang führte ihn gemachlich eine Zeitlang eben fort, bis zu einer großen Weitung, aus der ihm schon von fern ein helles Licht entgegenglänzte. Wie er hineintrat, ward er einen mächtigen Strahl gewahr, der wie aus einem Springquell bis an die Decke des Gewölbes stieg und oben in unzählige Funken zerstäubte, die sich unten in einem großen Becken sammelten; der Strahl glänzte wie entzündetes Gold; nicht das mindeste Geräusch war zu hören, eine heilige Stille umgab das herrliche Schauspiel. Er näherte sich dem Becken, das mit unendlichen Farben wogte und zitterte. Die Wände der Höhle waren mit dieser Flüssigkeit überzogen, die nicht heiß, sondern kühl war und an den Wänden nur ein mattes, bläuliches Licht von sich warf. Er tauchte seine Hand in das Becken und benetzte sein Lippen. Es war, als durchdränge ihn ein geistiger Hauch, und er fühlte sich innigst gestärkt und erfrischt. Ein unwiderstehliches Verlangen ergriff ihn, sich zu baden, er entkleidete sich und stieg in das Becken. Es dünkte ihn, als umflösse ihn eine Wolke des Abendrots; eine himmlische Empfindung überströmte sein Inneres; mit inniger Wollust strebten unzählbare Gedanken in ihm sich zu vermischen; neue, niegesehene Bilder entstanden, die auch ineinanderflossen und zu sichtbaren Wesen um ihn wurden, und jede Welle des lieblichen Elements schmiegte sich wie ein zarter Busen an ihn. Die Flut schien eine Auflösung reizender Mädchen, die an dem Jünglinge sich augenblicklich verkörperten.

Berauscht von Entzücken und doch jedes Eindrucks bewußt, schwamm er gemach dem leuchtenden Strome nach, der aus dem Becken in den Felsen hineinfloß. Eine Art von süßem Schlummer befiel ihn, in welchem er unbeschreibliche Begebenheiten träumte, und woraus ihn eine andere Erleuchtung weckte. Er fand sich auf einem weichen Rasen am Rande einer Quelle, die in die Luft hinausquoll und sich darin zu verzehren schien. Dunkelblaue Felsen mit bunten Adern erhoben sich in einiger Entfernung; das Tageslicht, das ihn umgab, war heller und milder als das gewöhnliche, der Himmel war schwarzblau und völlig rein. Was ihn aber mit voller Macht anzog, war ein hohe lichtblaue Blume, die zunächst an der Quelle stand und ihn mit ihren breiten, glänzenden Blättern berührte. Rund um sie her standen unzählige Blumen von allen Farben, und der köstlichste Geruch erfüllte die Luft. Er sah nichts als die blaue Blume und betrachtete sie lange mit unnennbarer Zärtlichkeit. Endlich wollte er sich ihr nähern, als sie auf einmal sich zu bewegen und zu verändern anfing; die Blätter wurden glänzender und schmiegten sich an den wachsenden Stengel, die Blume neigte sich nach ihm zu, und die Blütenblätter zeigten einen blauen ausgebreiteten Kragen, in welchem ein zartes Gesicht schwebte. Sein süßes Staunen wuchs mit der sonderbaren Verwandlung, als ihn plötzlich die Stimme seiner Mutter weckte und er sich in der elterlichen Stube fand, die schon die Morgensonne vergoldete. Er war zu entzückt, um unwillig über diese Störung zu sein; vielmehr bot er seiner Mutter freundlich guten Morgen und erwiderte ihre herzliche Umarmung.

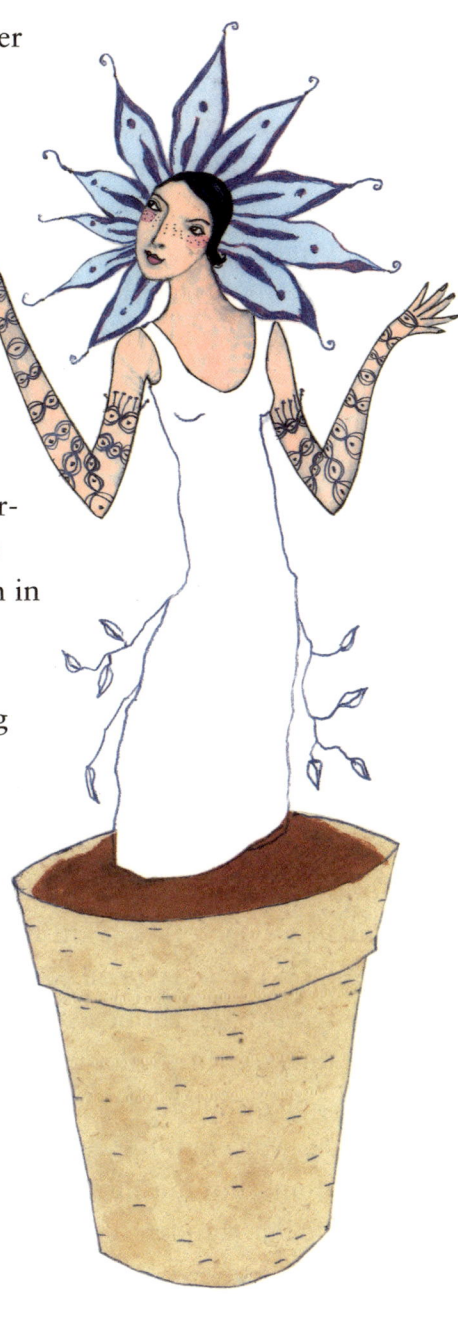

NOVALIS

Wenn nicht mehr Zahlen und Figuren

Wenn nicht mehr Zahlen und Figuren
Sind Schlüssel aller Kreaturen,
Wenn die, so singen oder küssen,
Mehr als die Tiefgelehrten wissen,
Wenn sich die Welt ins freie Leben
Und in die Welt wird zurückbegeben,
Wenn dann sich wieder Licht und Schatten
Zu echter Klarheit werden gatten
Und man in Märchen und Gedichten
Erkennt die wahren Weltgeschichten,
Dann fliegt von Einem geheimen Wort
Das ganze verkehrte Wesen fort.

CLEMENS BRENTANO

Geschichte vom braven Kasperl
und dem schönen Annerl

Es war Sommersfrühe. Die Nachtigallen sangen erst seit einigen
Tagen durch die Straßen und verstummten heut in einer kühlen
Nacht, welche von fernen Gewittern zu uns herwehte. Der Nachtwächter rief die elfte Stunde an. Da sah ich, nach Hause gehend, vor
der Tür eines großen Gebäudes einen Trupp von allerlei Gesellen, die
vom Biere kamen, um jemand, der auf den Türstufen saß, versammelt.
Ihr Anteil schien mir so lebhaft, daß ich irgendein Unglück besorgte
und mich näherte.

Eine alte Bäuerin saß auf der Treppe, und so lebhaft die Gesellen
sich um sie bekümmerten, so wenig ließ sie sich von den neugierigen
Fragen und gutmütigen Vorschlägen derselben stören. Es hatte etwas
sehr Befremdendes, ja schier Großes, wie die gute, alte Frau so sehr
wußte, was sie wollte, daß sie, als sei sie ganz allein in ihrem Kämmer-
lein, mitten unter den Leuten es sich unter freiem Himmel zur Nacht-
ruhe bequem machte. Sie nahm ihre Schürze als ein Mäntelchen um,
zog ihren großen, schwarzen, wachsleinenen Hut tiefer in die Augen,
legte sich ihr Bündel unter den Kopf zurecht und gab auf keine Frage
Antwort.

„Was fehlt dieser alten Frau?" fragte ich einen der Anwesenden. Da
kamen Antworten von allen Seiten: „Sie kömmt sechs Meilen Weges
vom Lande, sie kann nicht weiter, sie weiß nicht Bescheid in der
Stadt, sie hat Befreundete am andern Ende der Stadt und kann nicht
hinfinden." – „Ich wollte sie führen", sagte einer, „aber es ist ein
weiter Weg, und ich habe meinen Hausschlüssel nicht bei mir. Auch

würde sie das Haus nicht kennen, wo sie hinwill." – „Aber hier kann die Frau nicht liegen bleiben", sagte ein Neuhinzugetretener. „Sie will aber platterdings", antwortete der erste. „Ich habe es ihr längst gesagt, ich wolle sie nach Haus bringen, doch sie redet ganz verwirrt, ja sie muß wohl betrunken sein." – „Ich glaube, sie ist blödsinnig. Aber hier kann sie doch in keinem Falle bleiben", wiederholte jener, „die Nacht ist kühl und lang."
Während allem diesem Gerede war die Alte, grade als ob sie taub und blind sei, ganz ungestört mit ihrer Zubereitung fertig geworden, und da der letzte abermals sagte: „Hier kann sie doch nicht bleiben", erwiderte sie mit einer wunderlich tiefen und ernsten Stimme: „Warum soll ich nicht hierbleiben? Ist dies nicht ein herzogliches Haus? Ich bin achtundachtzig Jahre alt, und der Herzog wird mich

gewiß nicht von seiner Schwelle treiben. Drei Söhne sind in seinem Dienst gestorben, und mein einziger Enkel hat seinen Abschied genommen; Gott verzeiht es ihm gewiß, und ich will nicht sterben, bis er in seinem ehrlichen Grabe liegt."

„Achtundachtzig Jahre und sechs Meilen gelaufen!" sagten die Umstehenden. „Sie ist müd und kindisch, in solchem Alter wird der Mensch schwach."

„Mutter, Sie kann aber den Schnupfen kriegen und sehr krank werden hier, und Langeweile wird Sie auch haben", sprach nun einer der Gesellen und beugte sich näher zu ihr.

Da sprach die Alte wieder mit ihrer tiefen Stimme, halb bittend, halb befehlend:

„O laßt mir meine Ruhe und seid nicht unvernünftig; ich brauch keinen Schnupfen, ich brauche keine Langeweile; es ist ja schon spät an der Zeit, achtundachtzig bin ich alt, der Morgen wird bald anbrechen, da geh ich zu meinen Befreundeten. Wenn ein Mensch fromm ist und hat Schicksale und kann beten, so kann er die paar armen Stunden auch noch wohl hinbringen."

Die Leute hatten sich nach und nach verloren, und die letzten, welche noch dastanden, eilten auch hinweg, weil der Nachtwächter durch die Straße kam und sie sich von ihm ihre Wohnungen wollten öffnen lassen. So war ich allein noch gegenwärtig. Die Straße ward ruhiger. Ich wandelte nachdenkend unter den Bäumen des vor mir liegenden freien Platzes auf und nieder; das Wesen der Bäuerin, ihr bestimmter, ernster Ton, ihre Sicherheit im Leben, das sie achtundachtzigmal mit seinen Jahreszeiten hatte zurückkehren sehen und das ihr nur wie ein Vorsaal im Bethause erschien, hatten mich mannigfach erschüttert.

„Was sind alle Leiden, alle Begierden meiner Brust? Die Sterne gehen ewig unbekümmert ihren Weg, wozu suche ich Erquickung und Labung, und von wem suche ich sie und für wen? Alles, was ich hier suche und liebe und erringe, wird es mich je dahin bringen, so ruhig wie diese gute, fromme Seele die Nacht auf der Schwelle des Hauses zubringen zu können, bis der Morgen erscheint, und werde ich dann den Freund finden wie sie? Ach, ich werde die Stadt gar nicht erreichen, ich werde wegemüde schon in dem Sande vor dem Tore umsinken und vielleicht gar in die Hände der Räuber fallen." So sprach ich zu mir selbst, und als ich durch den Lindengang mich der Alten wieder näherte, hörte ich sie halblaut mit gesenktem Kopfe vor sich hin beten. Ich war wunderbar gerührt und trat zu ihr hin und sprach: „Mit Gott, fromme Mutter, bete Sie auch ein wenig für mich!" – bei welchen Worten ich ihr einen Taler in die Schürze warf. Die Alte sagte hierauf ganz ruhig: „Hab tausend Dank, mein lieber Herr, daß du mein Gebet erhört."

Ich glaubte, sie spreche mit mir, und sagte: „Mutter, habt Ihr mich denn um etwas gebeten? Ich wüßte nicht."

Da fuhr die Alte überrascht auf und sprach: „Lieber Herr, gehe Er doch nach Haus und bete Er fein und lege Er sich schlafen! Was zieht Er so spät noch auf der Gasse herum? Das ist jungen Gesellen gar nichts nütze, denn der Feind geht um und suchet, wo er sich einen erfange. Es ist mancher durch solch Nachtlaufen verdorben. Wen sucht Er? Den Herrn? Der ist in des Menschen Herz, so er züchtiglich lebt, und nicht auf der Gasse! Sucht Er aber den Feind, so hat Er ihn schon; gehe Er hübsch nach Haus und bete Er, daß Er ihn los werde! Gute Nacht!"

Nach diesen Worten wendete sie sich ganz ruhig nach der andern Seite und steckte den Taler in ihren Reisesack. Alles, was die Alte tat, machte einen eigentümlichen ernsten Eindruck auf mich, und ich sprach zu ihr: „Liebe Mutter, Ihr habt wohl recht, aber Ihr selbst seid es, was mich hier hält. Ich hörte Euch beten und wollte Euch ansprechen, meiner dabei zu gedenken."

„Das ist schon geschehen", sagte sie. „Als ich Ihn so durch den Lindengang wandeln sah, bat ich Gott, er möge Euch gute Gedanken geben. Nun habe Er sie und gehe Er fein schlafen!"

Ich aber setzte mich zu ihr nieder auf die Treppe und ergriff ihre dürre Hand und sagte: „Lasset mich hier bei Euch sitzen die Nacht hindurch, und erzählet mir, woher Ihr seid und was Ihr hier in der Stadt sucht; Ihr habt hier keine Hülfe, in Eurem Alter ist man Gott näher als den Menschen; die Welt hat sich verändert, seit Ihr jung wart."

„Daß ich nicht wüßte", erwiderte die Alte, „ich habs mein Lebtag ganz einerlei gefunden. Er ist noch zu jung, da verwundert man sich über alles: mir ist alles schon so oft wieder vorgekommen, daß ich es nur noch mit Freuden ansehe, weil es Gott so treulich damit meinet. Aber man soll keinen guten Willen von sich weisen, wenn er einem auch grade nicht not tut, sonst möchte der liebe Freund ausbleiben, wenn er ein ander Mal gar willkommen wäre; bleibe Er drum immer sitzen und sehe Er, was Er mir helfen kann. Ich will Ihm erzählen, was mich in die Stadt den weiten Weg hertreibt. Ich hätt es nicht gedacht, wieder hierher zu kommen. Es sind siebenzig Jahre, daß ich hier in dem Hause als Magd gedient habe, auf dessen Schwelle ich sitze, seitdem war ich nicht mehr in der Stadt; was die Zeit herumgeht! Es ist, als wenn man eine Hand umwendet. Wie oft habe ich hier am Abend gesessen vor siebenzig Jahren und habe auf meinen Schatz gewartet, der bei der Garde stand! Hier haben wir uns auch versprochen."

Heinrich von Kleist

Anekdote aus dem letzten preußischen Kriege

In einem bei Jena liegenden Dorf, erzählte mir, auf einer Reise nach
Frankfurt, der Gastwirt, daß sich mehrere Stunden nach der Schlacht,
um die Zeit, da das Dorf schon ganz von der Armee des Prinzen von
Hohenlohe verlassen und von Franzosen, die es für besetzt gehalten,
umringt gewesen wäre, ein einzelner preußischer Reiter darin gezeigt
hätte; und versicherte mir, daß wenn alle Soldaten, die an diesem
Tage mitgefochten, so tapfer gewesen wären, wie dieser, die Franzosen hätten geschlagen werden müssen, wären sie auch noch dreimal
stärker gewesen, als sie in der Tat waren. Dieser Kerl, sprach der
Wirt, sprengte, ganz von Staub bedeckt, vor meinen Gasthof, und
rief: „Herr Wirt!" und da ich frage: was gibts? „ein Glas Brannte-
wein!" antwortet er, indem er sein Schwert in die Scheide wirft:
„mich dürstet." Gott im Himmel! sag ich: will er machen, Freund,
daß er wegkömmt? Die Franzosen sind ja dicht vor dem Dorf! „Ei,
was!" spricht er, indem er dem Pferde den Zügel über den Hals legt.
„Ich habe den ganzen Tag nichts genossen!" Nun ist er, glaub ich,
vom Satan besessen –! He! Liese! rief ich, und schaff ihm eine Flasche
Danziger herbei, und sage: da! und will ihm die ganze Flasche in die
Hand drücken, damit er nur reite. „Ach, was!" spricht er, indem er
die Flasche wegstößt, und sich den Hut abnimmt: „wo soll ich mit
dem Quark hin?" Und: „schenk er ein!" spricht er, indem er sich den
Schweiß von der Stirn abtrocknet: „denn ich habe keine Zeit!" Nun
er ist ein Kind des Todes, sag ich. Da! sag ich, und schenk ihm ein;
da! trink er und reit er! Wohl mags ihm bekommen: „Noch eins!"
spricht der Kerl; während die Schüsse schon von allen Seiten ins Dorf

prasseln. Ich sage: noch eins? Plagt ihn –! „Noch eins!" spricht er, und streckt mir das Glas hin – „Und gut gemessen", spricht er, indem er sich den Bart wischt, und sich vom Pferde herab schneuzt: „denn es wird bar bezahlt!" Ei, mein Seel, so wollt ich doch, daß ihn –! Da! sag ich, und schenk ihm noch, wie er verlangt, ein zweites, und schenk ihm, da er getrunken, noch ein drittes ein, und frage: ist er nun zufrieden? „Ach!" – schüttelt sich der Kerl. „Der Schnaps ist gut! – Na!" spricht er, und setzt sich den Hut auf: „was bin ich schuldig?" Nichts! nichts! versetz ich. Pack er sich, ins Teufelsnamen; die Franzosen ziehen augenblicklich ins Dorf! „Na! sagt er, indem er in seinen Stiefel greift: „so solls ihm Gott lohnen", und holt, aus dem Stiefel, einen Pfeifenstummel hervor, und spricht, nachdem er den Kopf ausgeblasen: „schaff er mir Feuer!" Feuer? sag ich: plagt

ihn –? „Feuer, ja!" spricht er: „denn ich will mir eine Pfeife Tabak anmachen." Ei, den Kerl reiten Legionen –! He, Liese, ruf ich das Mädchen! und während der Kerl sich die Pfeife stopft, schafft das Mädchen ihm Feuer. „Na!" sagt der Kerl, die Pfeife, die er sich ange-schmaucht, im Maul: „nun sollen doch die Franzosen die Schwerenot kriegen!" Und damit, in dem er sich den Hut in die Augen drückt, und zum Zügel greift, wendet er das Pferd und zieht von Leder. Ein Mordkerl! sag ich; ein verfluchter, verwetterter Galgenstrick! Will er sich ins Henkers Namen scheren, wo er hingehört? Drei Chasseurs – sieht er nicht? halten ja schon vor dem Tor? „Ei was!" spricht er, indem er ausspuckt; und faßt die drei Kerls blitzend ins Auge. „Wenn ihrer zehen wären, ich fürcht mich nicht." Und in dem Augenblick reiten auch die drei Franzosen schon ins Dorf. „Bassa Manelka!" ruft der Kerl, und gibt seinem Pferde die Sporen und sprengt auf sie ein; sprengt, so wahr Gott lebt, auf sie ein, und greift sie, als ob er das ganze Hohenlohische Korps hinter sich hätte, an; dergestalt, daß, da die Chasseurs, ungewiß, ob nicht noch mehr Deutsche im Dorf sein mögen, einen Augenblick, wider ihre Gewohnheit, stutzen, er, mein Seel, ehe man noch eine Hand umkehrt, alle drei vom Sattel haut, die Pferde, die auf dem Platz herumlaufen, aufgreift, damit bei mir vorbeisprengt, und „Bassa Teremtetem!" ruft, und: „Sieht er wohl, Herr Wirt?" und „Adies!" und „auf Wiedersehn!" und: „hoho! hoho! hoho!" – – So einen Kerl, sprach der Wirt, habe ich zeit meines Lebens nicht gesehen.

Königsbücher

Frau Rat

Wenn's gegen den Feind gilt, dann findet ihr sie in ihren Schlupf-
winkeln, dann zieht der Staat ihnen Montur an und läßt sie
in Reih' und Glied aufmarschieren! wenn der Landesvater will
losdonnern, dann sind sie euch gut als Futter für die feindlichen
Kanonen. Was dann heimkommt und selbst nach Futter schreit, das
betrachtet ihr als Hefe des Volks, und laßt's wieder im alten Schlamm
versinken, wißt nicht mehr, wo's geblieben ist, vor euch mag's unter
die Erde versunken sein, muckst es, so wird man seiner schon Herr
werden! Die alten Weiber sind euch ein Greuel; ihr freches Angrinsen
möchtet ihr ihnen eintränken, sowie sich Gelegenheit dazu findet,
werdet ihr nicht säumen. – Wer sind diese alten Weiber? – Es sind
die, deren Söhne, deren Männer im Krieg Kanonenfutter wurden,
oder als Krüppel heimkamen! sie sind Raubgesindel geworden, die
ihrigen zu ernähren, das war ihrer erregten Rache, Bosheit und Tücke
willkommene Genugtuung! Es war ihnen Ersatz dafür, daß man sie
völlig im Staat ignorierte. Daß der ihnen gleich von oben herab alles
bessre Gefühl, alle Bildungsfähigkeit absprach, ja sogar auf die durch
nichts erwiesne Behauptung hin, daß sie für alles bessere Gefühl
gleichgültig seien, sie behandelt wie die Hunde. – Stürzten sie sich
denn nicht in dieses Elend, um einander zu retten? – Wollte der Vater
nicht die Kinder emporbringen? – Wollte er ihnen nicht so viel vom
Lebensgenuß zuwenden, als in seinen Kräften war? – Hängen die
Kinder nicht mit heroischer Liebe am Vater, an der Mutter, könnt ihr
sie zum Verrat bringen? – lieber teilen sie das bittere Elend mit jenen,

als euren Lockungen zu folgen. – Euer Wasser und Brot, euer dunkles Gefängnis und schwere Ketten brachten den jungen Andreas Petry nicht zum Geständnis über seines Vaters wahren Namen, euer Versprechen, ihm das Leben zu schenken, für ihn zu sorgen, bewegten ihn auch nicht dazu! Ihr wollt sie des Mangels an sittlichem Gefühl anklagen und seid selber die ärgsten Schelme, daß ihr sie sucht zu verführen zum Verrat! War das keine kindliche Liebe, als dieser Knabe mit Verzweiflung bat, ihn nicht zur Überführung seines Vaters zu gebrauchen? Aber eure Justizwut hat dies Kindesflehen nicht geschont, er konnte sich nicht entschließen, selbst als man ihm das Geständnis seines Vaters vorhielt. Der Vater bat um Schonung für das harte Leugnen seines Sohnes und sagte, er weiß, daß sein Geständnis notwendig des Vaters Leben kostet. Als er aber selbst das Bekenntnis seines Namens vor dem Sohn wiederholte, da schrie der laut auf, aus Schmerz warf er sich zu Boden, und raste so heftig, daß er nicht zu sich zu bringen war, bis eine wohltätige Ohnmacht ihn der Verzweiflung entriß, daß der Vater verloren sei! – Spürt doch diesem Seelenjammer des Kindes nach! – War's die Naturstimme? – Was mag Vater und Sohn schon für bitteres Elend geteilt haben, welche Gefahren füreinander bestanden! – Das macht die Liebe stark. – Könnt ihr das von euren Kindern allen sagen, die ihr mit Lebensgenüssen sättigt, mit der höchsten Sorgfalt ihre Gefühle wollt bilden? – sind sie höher anzuschlagen als die Gefühle, als die heroische

96

Aufopferung des Verbrechersohns? – O schlagt doch zum wenigsten hier eure eigne Nachkommenschaft nicht höher an als dies Räubergesindel, diese vernachlässigte Hefe des Volkes, das im Schlamm des Staatsbottich vergärt, und nie von oben herab eine hilfreiche Hand sah! – Nein, nur immer die Strafrute, die keine Liebe, noch Ehrgefühl, noch Ehrlichkeit einbläuen kann! – Doch diese Hefe des Volkes vom Gaunerstamm haben eine Liebe zur Ehrlichkeit, haben Ehrgefühl, Geist und Heroismus, und vielleicht grade weil der Staat keine Befähigung mehr hat, diese ganz edlen Anlagen zu verwenden, so verwildern sie! – Der Vater dieses Andreas ließ es wohl nicht an Mühe fehlen, ihn zum vollendeten Räuber zu bilden, sogar Räuberidyllen dichtete er, um in den Söhnen Gefühle anzuregen, wie sie ein großer General kurz vor der Schlacht haben könnte, lesen Sie hier in der Aktengeschichte das End' davon ins Deutsche übersetzt. Nachdem zwei Brüder über alle erlebten Abenteuer sich ergötzten und über die Mutlosigkeit vornehmer Reisender, sagt der eine:

„Aber, Bruder, bei uns kommt die Furcht nach der Tat, wenn sie im Land umherstreifen, uns zu fangen, wenn wir im Verhör mit schweren Ketten beladen sollen die Freunde verraten!" –

„Bruder! Verräter wollen wir nicht sein! und wenn auch einer drunter unser Feind war und Streit mit uns hatte, so wollen wir ihn nicht verraten, denn die Gefahr gleicht allen Streit aus, und das tröstet uns in Ketten, wenn wir keine Verräter sind."

„Aber Bruder, es steht schlimm, wenn ein Verräter ist unter uns, dann sprechen die Richter nicht mehr vom Zuchthaus, dann wird von Köpfen geredet, vom Galgen und Schinder!" –

„Laß sie sprechen, wie sie wollen, die Richter! – Noch sind wir frei, und werden wir je gefangen, Kamerad, was tut's? – Weiter kann's nicht gehen als ans Leben. Und so sterben wir als große gewaltige Räuber."

„Hei ja, Viva! Wir sterben wie berühmte Männer!"

„Die Mütter geben das Zeichen zum Essen, die Buben und Mädchen rufen zur Suppe, ihr Väter, zur Suppe, ihr Brüder." –

„Auf zum Essen, Kameraden, zum Essen!" –

„Wer betet vor?" –

Lesen Sie hier noch in der aktenmäßigen Geschichte dieser Räuberbande, was über die Erziehung des jungen Andreas gesagt ist, der jetzt erst siebzehn Jahr' alt ist: ‚Der Vater ließ ihn verschiedne musikalische Instrumente lernen. Er spielt mit vieler Fertigkeit Klarinett, auch Flöte und Flageolett spielt er nicht ungeschickt, diese Kunstfertigkeit sollte ihm zu einem ehrlichen Erwerb helfen, wie war aber dies möglich, da ihn der Broterwerb unter der niedrigsten Volksklasse herumtrieb, ihn mit Räubern und Dieben zusammenbrachte, die er von Kindsbeinen an kannte, und da sein eigner Vater ihn schon als Buben mit auf den Straßenraub nahm, ihm von seinen Großtaten jenseits des Rheins, von dem erhabnen Schinderhannes und dessen würdigen Kämpfen erzählte und seinen Geist erhitzte zur Nachahmung der großen Vorbilder.'

Diese weisen Bemerkungen der Justiz selbst, die Sie hier in den Akten gedruckt sehen, führte diese nicht darauf, daß, wenn der Vater mit großartigen Zügen und edlen Farben seine Vermahnungen ausmalt, um sie zu verherrlichen und zur Nachahmung zu reizen, dies doch der Beweis ist, daß der Sinn für das Edle und Großartige auch ein Beweggrund ihnen war, so zu handeln, und daß auf diesen Sinn könne und müsse gewirkt werden, um diese Menschheit zur beßren Einsicht zu leiten. Aber nein! – Stumpf wie die Ochsen spricht auch hier die Justitia wieder von der niedrigsten Klasse des Volkes, als ob die das Verderben zu erzeugen sich nicht erwehren könne. Doch ist hier in diesen kurzen Bruchstücken des Berichts, der nicht zur Apologie der Räuber geschrieben war, sondern als Beweis ihrer gerechten

98

Verdammung, – ganz unwillkürlich in den kräftigsten Farben ihr Heroismus geschildert, zweitens ihr Ehrgefühl, da sie untereinander keines Verrats sich schuldig machen. Dann ihr Gewissen, da es sie beruhigt, wenn sie zum Tod gehen, keinen verraten zu haben. Jetzt fehlt noch zur Vollendung eines vollkommen edlen Charakters das Zartgefühl der Sittlichkeit, und dies kann nicht rührender ausgesprochen sein als in eben diesem Knaben. Da er nämlich zum öffentlichen Verhör sollte über die Straße geführt werden, ward er so bestürzt durch das Schreien und Toben des Volkes, daß er sich nicht ermannen konnte, hervorzugehn. – Plötzlich verlangte er sein Instrument, was bei seiner Gefangennehmung ihm war abgenommen worden, so ging er den langen Weg bis zum Markt und blies anmutige Hirten- und Waldlieder mit ruhigem Schritt unter Begleitung des Volkes, ohne beleidigt oder gestört zu werden, ganz gezähmt folgte es seinen melodischen Tönen, die durch den einfachen versöhnenden Ausdruck das tiefste Mitgefühl erregten. Die aufgereizte Hefe des Volkes ward beschwichtigt durch die sanfte Stimme des Knaben, den ihr zum Verbrechertod führtet, es verlangte Begnadigung, die ihm auch gewährt wurde, da viele die Bittschrift unterzeichnet hatten, die selbst waren beraubt worden! – Wie sehr spricht auch dies für die verachtete Volkshefe, die so leicht die Rache aufgibt, und wie beschämend, daß ihr sie verachtet. –

Ja! was ist da noch lang hin und her zu streiten, wir sehen's deutlich und wissen's, auch die Gerechtigkeit ist blind. Da kann man auf keine tiefere Einsicht rechnen. Die niedrigste Volksklasse, die der Staat ignoriert, weil er nicht mit ihr zurechtkommen kann, stößt als noch ans Züngelchen der Wage und bringt ihren Stumpfsinn in Bewegung. Diesmal wär's dem armen verlaßnen Knaben zugute gekommen, allein die blinde Gerechtigkeit sendete ihn ins Zuchthaus, ins Verderben. –

LUDWIG UHLAND

Der gute Kamerad

Ich hatt einen Kameraden,
Einen bessern findst du nit.
Die Trommel schlug er zum Streite,
Er ging an meiner Seite
In gleichem Schritt und Tritt.

Eine Kugel kam geflogen,
Gilt's mir oder gilt es dir?
Ihn hat es weggerissen,
Er liegt mir vor den Füßen,
Als wär's ein Stück von mir.

Will mir die Hand noch reichen,
Derweil ich eben lad.
Kann dir die Hand nicht geben,
Bleib du im ew'gen Leben
Mein guter Kamerad.

Doktor Allwissend

Es war einmal ein armer Bauer namens *Krebs*, der fuhr mit zwei
Ochsen ein Fuder Holz in die Stadt und verkaufte es für zwei Taler
an einen Doktor. Wie ihm nun das Geld ausbezahlt wurde, saß der
Doktor gerade zu Tisch; da sah der Bauer, wie er schön aß und trank,
und das Herz ging ihm danach auf, und er wäre auch gern ein
Doktor gewesen. Also blieb er noch ein Weilchen stehen und fragte
endlich, ob er nicht auch könnte ein Doktor werden. „O ja", sagte
der Doktor, „das ist bald geschehen." „Was muß ich tun?" fragte der
Bauer. „Erstlich kauf dir ein Abc-Buch, so eins, wo vorn ein Göckelhahn drin ist; zweitens mache deinen Wagen und deine zwei Ochsen
zu Geld und schaff dir damit Kleider an und was sonst zur Doktorei
gehört; drittens laß dir ein Schild malen mit den Worten ‚Ich bin der
Doktor Allwissend‘ und laß das oben über deine Haustür nageln."
Der Bauer tat alles, wie’s ihm geheißen war. Als er nun ein wenig
gedoktert hatte, aber noch nicht viel, ward einem reichen großen
Herrn Geld gestohlen. Da ward ihm von dem Doktor Allwissend
gesagt, der in dem und dem Dorfe wohnte und auch wissen müßte,
wo das Geld hingekommen wärc. Also ließ der Herr seinen Wagen
anspannen, fuhr hinaus ins Dorf und fragte bei ihm an, ob er der
Doktor Allwissend wäre. Ja, der wär er. So sollte er mitgehen und
das gestohlene Geld wiederschaffen. O ja, aber die Grete, seine Frau,
müßte auch mit. Der Herr war das zufrieden und ließ sie beide in den
Wagen sitzen, und sie fuhren zusammen fort. Als sie auf den adligen
Hof kamen, war der Tisch gedeckt, da sollte er erst mitessen. Ja, aber
seine Frau, die Grete, auch, sagte er und setzte sich mit ihr hinter den

Tisch. Wie nun der erste Bediente mit einer Schüssel schönem Essen kam, stieß der Bauer seine Frau an und sagte: „Grete, das war der erste", und meinte, es wäre derjenige, welcher das erste Essen brächte. Der Bediente aber meinte, er hätte damit sagen wollen: „Das ist der erste Dieb", und weil er's nun wirklich war, ward ihm angst, und er sagte draußen zu seinen Kameraden: „Der Doktor weiß alles, wir kommen übel an: er hat gesagt, ich wäre der erste." Der zweite wollte gar nicht herein, er mußte aber doch. Wie er nun mit seiner Schüssel hereinkam, stieß der Bauer seine Frau an: „Grete, das ist der zweite."

Dem Bedienten ward ebenfalls angst, und er machte, daß er hinauskam. Dem dritten ging's nicht besser, der Bauer sagte wieder:
„Grete, das ist der dritte." Der vierte mußte eine verdeckte Schüssel
hereintragen, und der Herr sprach zum Doktor, er solle seine Kunst
zeigen und raten, was darunterläge; es waren aber Krebse. Der Bauer
sah die Schüssel an, wußte nicht, wie er sich helfen sollte, und sprach:
„Ach, ich armer *Krebs*!" Wie der Herr das hörte, rief er: „Da, er
weiß es, nun weiß er auch, wer das Geld hat."
Dem Bedienten aber ward gewaltig angst, und er blinzelte den
Doktor an, er möchte einmal herauskommen. Wie er nun hinauskam, gestanden sie ihm alle viere, sie hätten das Geld gestohlen; sie
wollten's ja gerne herausgeben und ihm eine schwere Summe dazu,
wenn er sie nicht verraten wollte: es ginge ihnen sonst an den Hals.
Sie führten ihn auch hin, wo das Geld versteckt lag. Damit war der
Doktor zufrieden, ging wieder hinein, setzte sich an den Tisch und
sprach: „Herr, nun will ich in meinem Buch suchen, wo das Geld
steckt." Der fünfte Bediente aber kroch in den Ofen und wollte
hören, ob der Doktor noch mehr wüßte. Der saß aber und schlug
sein Abc-Buch auf, blätterte hin und her und suchte den Göckelhahn.
Weil er ihn nicht gleich finden konnte, sprach er: „Du bist doch darin
und mußt auch heraus." Da glaubte der im Ofen, er wäre gemeint,
sprang voller Schrecken heraus und rief: „Der Mann weiß alles."
Nun zeigte der Doktor Allwissend dem Herrn, wo das Geld lag, sagte
aber nicht, wer's gestohlen hatte, bekam von beiden Seiten viel Geld
zur Belohung und ward ein berühmter Mann.

Joseph von Eichendorff

Schläft ein Lied

Schläft ein Lied in allen Dingen,
Die da träumen fort und fort,
Und die Welt hebt an zu singen,
Triffst du nur das Zauberwort.

Joseph von Eichendorff

Aus dem Leben eines Taugenichts

Das Rad an meines Vaters Mühle brauste und rauschte schon wieder recht lustig, der Schnee tröpfelte emsig vom Dache, die Sperlinge zwitscherten und tummelten sich dazwischen; ich saß auf der Türschwelle und wischte mir den Schlaf aus den Augen; mir war so recht wohl in dem warmen Sonnenscheine. Da trat der Vater aus dem Hause; er hatte schon seit Tagesanbruch in der Mühle rumort und die Schlafmütze schief auf dem Kopfe, der sagte zu mir: „Du Taugenichts! da sonnst du dich schon wieder und dehnst und reckst dir die Knochen müde, und lässt mich alle Arbeit allein tun. Ich kann dich hier nicht länger füttern. Der Frühling ist vor der Tür, geh auch einmal hinaus in die Welt und erwirb dir selber dein Brot." – „Nun", sagte ich, „wenn ich ein Taugenichts bin, so ist's gut, so will ich in die Welt gehen und mein Glück machen." Und eigentlich war mir das recht lieb, denn es war mir kurz vorher selber eingefallen, auf Reisen zu gehen, da ich die Goldammer, welche im Herbst und Winter immer betrübt an unserm Fenster sang: „Bauer, miet mich, Bauer miet mich!" nun in der schönen Frühlingszeit wieder ganz stolz und lustig vom Baume rufen hörte: „Bauer, behalt deinen Dienst!" –
Ich ging also in das Haus hinein und holte meine Geige, die ich recht artig spielte, von der Wand, mein Vater gab mir noch einige Groschen Geld mit auf den Weg und so schlenderte ich durch das lange Dorf hinaus. Ich hatte recht meine heimliche Freude, als ich da alle meine alten Bekannten und Kameraden rechts und links, wie gestern und vorgestern und immerdar, zur Arbeit hinausziehen, graben und pflügen sah, während ich so in die freie Welt hinausstrich. Ich rief

den armen Leuten nach allen Seiten recht stolz und zufrieden Adjes
zu, aber es kümmerte sich eben keiner sehr darum. Mir war es wie
ein ewiger Sonntag im Gemüte. Und als ich endlich ins freie Feld
hinauskam, da nahm ich meine liebe Geige vor, und spielte und sang,
auf der Landstraße fortgehend:

„Wem Gott will rechte Gunst erweisen,
  Den schickt er in die weite Welt,
  Dem will er seine Wunder weisen
  In Berg und Wald und Strom und Feld.

  Die Bächlein von den Bergen springen,
  Die Lerchen schwirren hoch vor Lust,
  Was sollt ich nicht mit ihnen singen
  Aus voller Kehl und frischer Brust?

Die Trägen, die zu Hause liegen,
Erquicket nicht das Morgenrot,
Sie wissen nur vom Kinderwiegen
Von Sorgen, Last und Not um Brot.

Den lieben Gott lass ich nur walten;
Der Bächlein, Lerchen, Wald und Feld
Und Erd und Himmel will erhalten,
Hat auch mein' Sach' aufs best bestellt!"

Indem, wie ich mich so umsehe, kömmt ein köstlicher Reisewagen
ganz nahe an mich heran, der mochte wohl schon einige Zeit hinter
mir dreingefahren sein, ohne dass ich es merkte, weil mein Herz so
voller Klang war, denn es ging ganz langsam, und zwei vornehme
Damen steckten die Köpfe aus dem Wagen und hörten mir zu. Die
eine war besonders schön und jünger als die andere, aber eigentlich
gefielen sie mir alle beide. Als ich nun aufhörte zu singen, ließ die
ältere stillhalten und redete mich holdselig an: „Ei, lustiger Gesell,
Er weiß ja recht hübsche Lieder zu singen." Ich nicht zu faul dagegen:
„Ew. Gnaden aufzuwarten, wüsst ich noch viel schönere." Darauf
fragte sie mich wieder: „Wohin wandert Er denn schon so am frühen
Morgen?" Da schämte ich mich, dass ich das selber nicht wusste,
und sagte dreist: „Nach Wien"; nun sprachen beide miteinander in
einer fremden Sprache, die ich nicht verstand. Die Jüngere schüttelte
einigemal mit dem Kopfe, die andere lachte aber in einem fort und
rief mir endlich zu: „Spring Er nur hinten mit auf, wir fahren auch
nach Wien." Wer war froher als ich! Ich machte eine Reverenz und
war mit einem Sprunge hinter dem Wagen, der Kutscher knallte
und wir folgen über die glänzende Straße fort, dass mir der Wind
am Hut pfiff.

Heinrich Heine

Ich weiß nicht, was soll es bedeuten

Ich weiß nicht, was soll es bedeuten,
Daß ich so traurig bin;
Ein Märchen aus alten Zeiten,
Das kommt mir nicht aus dem Sinn.

Die Luft ist kühl und es dunkelt,
Und ruhig fließt der Rhein;
Der Gipfel des Berges funkelt
Im Abendsonnenschein.

Die schönste Jungfrau sitzet
Dort oben wunderbar,
Ihr goldnes Geschmeide blitzet,
Sie kämmt ihr goldenes Haar.

Sie kämmt es mit goldenem Kamme,
Und singt ein Lied dabei;
Das hat eine wundersame,
Gewaltige Melodei.

Den Schiffer im kleinen Schiffe
Ergreift es mit wildem Weh;
Er schaut nicht die Felsenriffe,
Er schaut nur hinauf in die Höh.

Ich glaube, die Wellen verschlingen
Am Ende Schiffer und Kahn;
Und das hat mit ihrem Singen
Die Lore-Lei getan.

HEINRICH HEINE

Deutschland. Ein Wintermärchen

Im traurigen Monat November wars,
Die Tage würden trüber,
Der Wind riß von den Bäumen das Laub,
Da reist ich nach Deutschland hinüber.

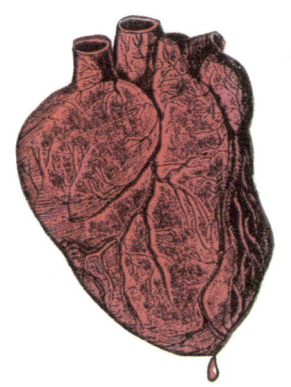

Und als ich an die Grenze kam,
Da fühlt ich ein stärkeres Klopfen
In meiner Brust, ich glaube sogar
Die Augen begunnen zu tropfen.

Und als ich die deutsche Sprache vernahm,
Da ward mir seltsam zu Mute;
Ich meinte nicht anders, als ob das Herz
Recht angenehm verblute.

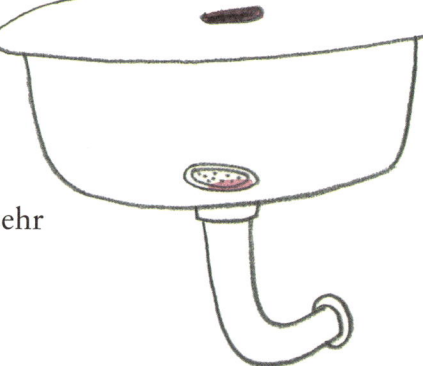

Ein kleines Harfenmädchen sang.
Sie sang mit wahrem Gefühle
Und falscher Stimme, doch ward ich sehr
Gerühret von ihrem Spiele.

Sie sang von Liebe und Liebesgram,
Aufopfrung und Wiederfinden
Dort oben, in jener besseren Welt,
Wo alle Leiden schwinden.

Sie sang vom irdischen Jammertal,
Von Freuden, die bald zerronnen,
Vom Jenseits, wo die Seele schwelgt
Verklärt in ewgen Wonnen.

Sie sang das alte Entsagungslied,
Das Eiapopeia vom Himmel,
Womit man einlullt, wenn es greint,
Das Volk, den großen Lümmel.

Ich kenne die Weise, ich kenne den Text,
Ich kenn auch die Herren Verfasser;
Ich weiß, sie tranken heimlich Wein
Und predigten öffentlich Wasser.

Ein neues Lied, ein besseres Lied,
O Freunde, will ich Euch dichten!
Wir wollen hier auf Erden schon
Das Himmelreich errichten.

Wir wollen auf Erden glücklich sein,
Und wollen nicht mehr darben;
Verschlemmen soll nicht der faule Bauch
Was fleißige Hände erwarben.

Es wächst hienieden Brot genug
Für alle Menschenkinder,
Auch Rosen und Myrten, Schönheit und Lust,
Und Zuckererbsen nicht minder.

Ja, Zuckererbsen für jedermann,
Sobald die Schoten platzen!
Den Himmel überlassen wir
Den Engeln und den Spatzen.

HEINRICH HEINE

Der Sonnenuntergang

Das Fräulein stand am Meere
Und seufzte lang und bang,
es rührte sie so sehre
der Sonnenuntergang.

Mein Fräulein! Sein Sie munter,
das ist ein altes Stück;
hier vorne geht sie unter
und kehrt von hinten zurück.

ANNETTE VON DROSTE-HÜLSHOFF

Der Knabe im Moor

O schaurig ist's übers Moor zu gehn,
Wenn es wimmelt vom Heiderauche,
Sich wie Phantome die Dünste drehn
Und die Ranke häkelt am Strauche,
Unter jedem Tritte ein Quellchen springt,
Wenn aus der Spalte es zischt und singt –
O schaurig ists, übers Moor zu gehn,
Wenn das Röhricht knistert im Hauche!

Fest hält die Fibel das zitternde Kind
Und rennt, als ob man es jage;
Hohl über die Fläche sauset der Wind –
Was raschelt drüben am Hage?
Das ist der gespenstische Gräberknecht,
Der dem Meister die besten Torfe verzecht;
Hu, hu, es bricht wie ein irres Rind!
Hinducket das Knäblein zage.

Vom Ufer starret Gestumpf hervor,
Unheimlich nicket die Föhre,
Der Knabe rennt, gespannt das Ohr,
Durch Riesenhalme wie Speere;
Und wie es rieselt und knittert darin!
Das ist die unselige Spinnerin,
Das ist die gebannte Spinnlenor',
Die den Haspel dreht im Geröhre!

Voran, voran, nur immer im Lauf,
Voran, als woll es ihn holen!
Vor seinem Fuße brodelt es auf,
Es pfeift ihm unter den Sohlen
Wie eine gespenstige Melodei;
Das ist der Geigenmann ungetreu,
Das ist der diebische Fiedler Knauf,
Der den Hochzeitheller gestohlen!

Da birst das Moor, ein Seufzer geht
Hervor aus der klaffenden Höhle;
Weh, weh, da ruft die verdammte Margret;
„Ho, ho, meine arme Seele!"
Der Knabe springt wie ein wundes Reh;
Wär nicht Schutzengel in seiner Näh,
Seine bleichenden Knöchelchen fände spät
Ein Gräber im Moorgeschwele.

Da mählich grünet der Boden sich,
Und drüben, neben der Weide,
Die Lampe flimmert so heimatlich,
Der Knabe steht an der Scheide.
Tief atmet er auf, zum Moor zurück
Noch immer wirft er den scheuen Blick:
Ja, im Geröhre war's fürchterlich,
O schaurig war's in der Heide!

EDUARD MÖRIKE

Er ist's

Frühling läßt sein blaues Band
Wieder flattern durch die Lüfte;
Süße, wohlbekannte Düfte
Streifen ahnungsvoll das Land.
Veilchen träumen schon,
Wollen balde kommen.
– Horch, von fern ein leiser Harfenton!
Frühling, ja du bist's!
Dich hab ich vernommen!

Septembermorgen

Im Nebel ruhet noch die Welt,
Noch träumet Wald und Wiesen:
Bald siehst du, wenn der Schleier fällt,
Den blauen Himmel unverstellt,
Herbstkräftig die gedämpfte Welt
In warmem Golde fließen.

Michel-Enthusiast

Es reist so mancher Philister
Ins Land Italia.
Auf daß er nachher sich rühme:
Auf Ehr, auch ich war da!

> Zwar hat er des Ärgers nicht wenig
> Und manchen großen Verdruß.
> Und teuer muß er erkaufen
> Den hochgepriesnen Genuß.

Doch nur ein deutscher Philister,
Der achtet nicht Hitz und Durst,
Nicht Maut und Paßbeschwernis,
Es ist ihm alles Wurst.

> Trotz glühendem Scirocco,
> Trotz drückendem Sonnenschein
> Spaziert er zu allen Ruinen,
> Zu allen Villen hinein.

Er geht in alle Kirchen,
In alle Galerien
Und läßt sich vom Servidore
Wie ein Bär am Seile ziehn

Noch spät am Abend besteigt er
Ganz müde die steilsten Höhn
Und spricht, vom Schweiße triefend:
Italien ist doch schön!

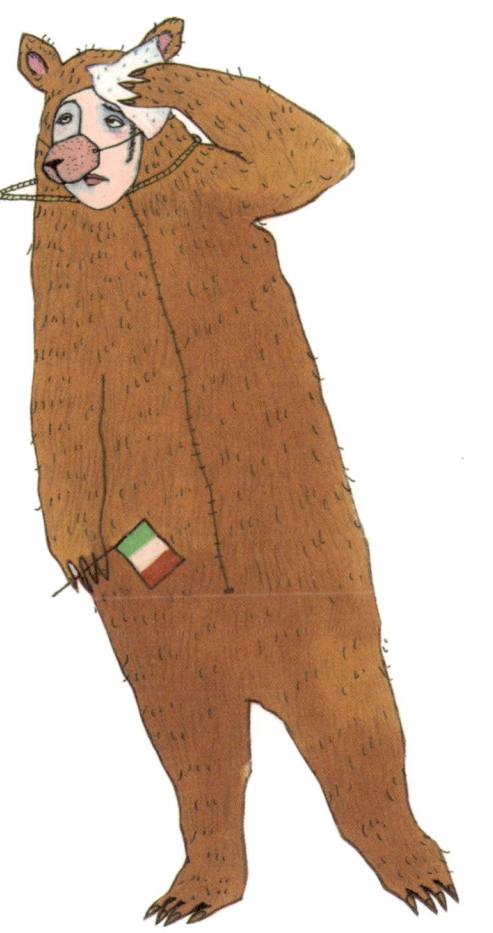

GEORG BÜCHNER

Leonce und Lena

ERSTER AKT
Erste Szene

Ein Garten
Leonce halb ruhend auf einer Bank.
Der Hofmeister

LEONCE

Mein Herr, was wollen Sie von mir? Mich auf meinen Beruf vorbe-
reiten? Ich habe alle Hände voll zu tun, ich weiß mir vor Arbeit nicht
zu helfen. – Sehen Sie, erst habe ich auf den Stein hier dreihundert-
fünfundsechzigmal hintereinander zu spucken. Haben Sie das noch
nicht probiert? Tun Sie es, es gewährt eine ganz eigne Unterhaltung.
Dann – sehen Sie diese Handvoll Sand?
Er nimmt Sand auf, wirft ihn in die Höhe und fängt ihn mit dem
Rücken der Hand wieder auf.
Jetzt werf ich sie in die Höhe. Wollen wir wetten? Wieviel Körnchen
hab ich jetzt auf dem Handrücken? Grad oder ungrad? – Wie?
Sie wollen nicht wetten? Sind Sie ein Heide? Glauben Sie an Gott?
Ich wette gewöhnlich mit mir selbst und kann es tagelang so
treiben. Wenn Sie einen Menschen aufzutreiben wissen, der Lust
hätte, manchmal mit mir zu wetten, so werden Sie mich sehr
verbinden. Dann – habe ich nachzudenken, wie es wohl angehn
mag, daß ich mir auf den Kopf sehe. O, wer sich einmal auf den Kopf
sehen könnte! Das ist eins von meinen Idealen. Mir wäre geholfen.

Und dann – und dann noch unendlich viel der Art. – Bin ich ein Müßiggänger? Habe ich jetzt keine Beschäftigung? – Ja, es ist traurig …

HOFMEISTER
Sehr traurig, Euer Hoheit.

LEONCE
Daß die Wolken schon seit drei Wochen von Westen nach Osten ziehen. Es macht mich ganz melancholisch.

HOFMEISTER
Eine sehr gegründete Melancholie.

LEONCE
Mensch, warum widersprechen Sie mir nicht? Sie haben dringende Geschäfte, nicht wahr? Es ist mir leid, daß ich Sie so lange aufgehalten habe.

DER HOFMEISTER *entfernt sich mit einer tiefen Verbeugung.*
Mein Herr, ich gratuliere Ihnen zu der schönen Parenthese, die Ihre Beine machen, wenn Sie sich verbeugen.

LEONCE *allein, streckt sich auf der Bank aus.*
Die Bienen sitzen so träg an den Blumen, und der Sonnenschein liegt so faul auf dem Boden. Es grassiert ein entsetzlicher Müßiggang. – Müßiggang ist aller Laster Anfang. – Was die Leute nicht alles aus Langeweile treiben! Sie studieren aus Langeweile, sie beten aus Langeweile, sie verlieben, verheiraten und vermehren sich aus Langeweile und sterben endlich aus Langeweile, und – und das ist

der Humor davon – alles mit den wichtigsten Gesichtern, ohne zu merken, warum, und meinen Gott weiß was dazu. Alle diese Helden, diese Genies, diese Dummköpfe, diese Heiligen, diese Sünder, diese Familienväter sind im Grunde nichts als raffinierte Müßiggänger. – Warum muß ich es grade wissen? Warum kann ich mir nicht wichtig werden und der armen Puppe einen Frack anziehen und einen Regenschirm in die Hand geben, daß sie sehr rechtlich und sehr nützlich und sehr moralisch würde? – Der Mann, der eben von mir ging, ich beneidete ihn, ich hätte ihn aus Neid prügeln mögen. O, wer einmal jemand anders sein könnte! Nur 'ne Minute lang.

Valerio etwas betrunken, tritt auf.

Wie der Mensch läuft! Wenn ich nur etwas unter der Sonne wüßte, was mich noch könnte laufen machen.

VALERIO *stellt sich dicht vor den Prinzen,*
legt den Finger an die Nase und sieht ihn starr an.
Ja!

LEONCE
ebenso.
Richtig!

VALERIO
Haben Sie mich begriffen?

LEONCE
Vollkommen.

VALERIO
Nun, so wollen wir von etwas anderm reden.

Er legt sich ins Gras.

Ich werde mich indessen in das Gras legen und meine Nase oben zwischen den Halmen herausblühen lassen und romantische Empfindungen beziehen, wenn die Bienen und Schmetterlinge sich darauf wiegen wie auf einer Rose.

LEONCE

Aber Bester, schnaufen Sie nicht so stark, oder die Bienen und Schmetterlinge müssen verhungern über den ungeheuren Prisen, die Sie aus den Blumen ziehen.

VALERIO

Ach Herr, was ich ein Gefühl für die Natur habe! Das Gras steht so schön, daß man ein Ochs sein möchte, um es fressen zu können, und dann wieder ein Mensch, um den Ochsen zu essen, der solches Gras gefressen.

LEONCE

Unglücklicher, Sie scheinen auch an Idealen zu laborieren.

VALERIO

Es ist ein Jammer! Man kann keinen Kirchturm herunterspringen, ohne den Hals zu brechen. Man kann keine vier Pfund Kirschen mit Steinen essen, ohne Leibweh zu kriegen. Seht, Herr, ich könnte mich in eine Ecke setzen und singen vom Abend bis zum Morgen: „Hei, da sitzt e Fleig an der Wand! Fleig an der Wand! Fleig an der Wand!" und so fort bis zum Ende meines Lebens.

LEONCE

Halts Maul mit deinem Lied, man könnte darüber ein Narr werden.

VALERIO

So wäre man doch etwas. Ein Narr! Ein Narr! Wer will mir seine
Narrheit gegen meine Vernunft verhandeln? – Ha, ich bin Alexander
der Große! Wie mir die Sonne eine goldne Krone in die Haare
scheint, wie meine Uniform blitzt! Herr Generalissimus Heupferd,
lassen Sie die Truppen anrücken! Herr Finanzminister Kreuzspinne,
ich brauche Geld! Liebe Hofdame Libelle, was macht meine teure
Gemahlin Bohnenstange? Ach bester Herr Leibmedicus Kantharide,
ich bin um einen Erbprinzen verlegen. Und zu diesen köstlichen Phantasien bekommt man gute Suppe, gutes Fleisch, gutes Brot, ein gutes
Bett und das Haar umsonst geschoren – im Narrenhaus nämlich –,

während ich mit meiner gesunden Vernunft mich höchstens noch zur
Beförderung der Reife auf einen Kirschbaum verdingen könnte,
um – nun? – um?

LEONCE
Um die Kirschen durch die Löcher in deinen Hosen schamrot zu
machen! Aber, Edelster, dein Handwerk, deine Profession, dein
Gewerbe, dein Stand, deine Kunst?

VALERIO *mit Würde.*
Herr, ich habe die große Beschäftigung, müßig zu gehen; ich habe
eine ungemeine Fertigkeit im Nichtstun; ich besitze eine ungeheure
Ausdauer in der Faulheit. Keine Schwiele schändet meine Hände,
der Boden hat noch keinen Tropfen von meiner Stirne getrunken,
ich bin noch Jungfrau in der Arbeit; und wenn es mir nicht der Mühe
zuviel wäre, würde ich mir die Mühe nehmen, Ihnen diese Verdienste
weitläufiger auseinanderzusetzen.

LEONCE *mit komischem Enthusiasmus.*
Komm an meine Brust! Bist du einer von den Göttlichen, welche
mühelos mit reiner Stirne durch den Schweiß und Staub über die
Heerstraße des Lebens wandeln, und mit glänzenden Sohlen und
blühenden Leibern gleich seligen Göttern in den Olympus treten?
Komm! Komm!

VALERIO *singt im Abgehen.*
Hei, da sitzt e Fleig an der Wand! Fleig an der Wand! Fleig an der
Wand!

Beide Arm in Arm ab.

THEODOR STORM

Die Stadt

Am grauen Strand, am grauen Meer
Und seitab liegt die Stadt;
Der Nebel drückt die Dächer schwer,
Und durch die Stille braust das Meer
Eintönig um die Stadt.

Es rauscht kein Wald, es schlägt im Mai
Kein Vogel ohne Unterlaß;
Die Wandergans mit hartem Schrei
Nur fliegt in Herbstesnacht vorbei,
Am Strande weht das Gras.

Doch hängt mein ganzes Herz an dir,
Du graue Stadt am Meer;
Der Jugend Zauber für und für
Ruht lächelnd doch auf dir, auf dir,
Du graue Stadt am Meer.

GOTTFRIED KELLER

Kleider machen Leute

An einem unfreundlichen Novembertage wanderte ein armes Schnei-
derlein auf der Landstraße nach Goldach, einer kleinen reichen
Stadt, die nur wenige Stunden von Seldwyla entfernt ist. Der Schneider trug in seiner Tasche nichts als einen Fingerhut, welchen er, in
Ermangelung irgendeiner Münze, unablässig zwischen den Fingern
drehte, wenn er der Kälte wegen die Hände in die Hosen steckte, und
die Finger schmerzten ihm ordentlich von diesem Drehen und Reiben;
denn er hatte wegen des Falliments irgendeines Seldwyler Schneider-
meisters seinen Arbeitslohn mit der Arbeit zugleich verlieren und
auswandern müssen. Er hatte noch nichts gefrühstückt als einige
Schneeflocken, die ihm in den Mund geflogen, und er sah noch weniger ab, wo das geringste Mittagbrot herwachsen sollte. Das Fechten
fiel ihm äußerst schwer, ja schien ihm gänzlich unmöglich, weil er
über seinem schwarzen Sonntagskleide, welches sein einziges war,
einen weiten dunkelgrauen Radmantel trug, mit schwarzem Sammt
ausgeschlagen, der seinem Träger ein edles und romantisches Aussehen verlieh, zumal dessen lange schwarze Haare und Schnurrbärt-
chen sorgfältig gepflegt waren und er sich blasser, aber regelmäßiger
Gesichtszüge erfreute.
Solcher Habitus war ihm zum Bedürfnis geworden, ohne daß er etwas
Schlimmes oder Betrügerisches dabei im Schilde führte; vielmehr
war er zufrieden, wenn man ihn nur gewähren und im stillen seine
Arbeit verrichten ließ; aber lieber wäre er verhungert als daß er sich
von seinem Radmantel und von seiner polnischen Pelzmütze getrennt
hätte, die er ebenfalls mit großem Anstand zu tragen wußte.

Er konnte deshalb nur in größeren Städten arbeiten, wo solches nicht zu sehr auffiel; wenn er wanderte und keine Ersparnisse mitführte, geriet er in die größte Not. Näherte er sich einem Hause, so betrachteten ihn die Leute mit Verwunderung und Neugierde und erwarteten eher alles andere als daß er betteln würde; so erstarben ihm, da er überdies nicht beredt war, die Worte im Munde, also daß er der Märtyrer seines Mantels war und Hunger litt, so schwarz wie des letztern Sammetfutter.

Als er bekümmert und geschwächt eine Anhöhe hinauf ging, stieß er auf einen neuen und bequemen Reisewagen, welchen ein herrschaftlicher Kutscher in Basel abgeholt hatte und seinem Herrn überbrachte, einem fremden Grafen, der irgendwo in der Ostschweiz auf einem gemieteten oder angekauften alten Schlosse saß. Der Wagen war mit allerlei Vorrichtungen zur Aufnahme des Gepäcks versehen und schien deswegen schwer bepackt zu sein, obgleich alles leer war. Der Kutscher ging wegen des steilen Weges neben den Pferden und als er, oben angekommen, den Bock wieder bestieg, fragte er den Schneider, ob er sich nicht in den leeren Wagen setzen wolle. Denn es fing eben an zu regnen und er hatte mit einem Blicke gesehen, daß der Fußgänger sich matt und kümmerlich durch die Welt schlug. Derselbe nahm das Anerbieten dankbar und bescheiden an, worauf der Wagen rasch mit ihm von dannen rollte und in einer kleinen Stunde stattlich und donnernd durch den Torbogen von Goldach fuhr. Vor dem ersten Gasthofe, zur Waage genannt, hielt das vornehme Fuhrwerk plötzlich, und alsogleich zog der Hausknecht so heftig an der Glocke, daß der Draht beinahe entzweiging. Da stürzten Wirt und Leute herunter und rissen den Schlag auf; Kinder und Nachbaren umringten schon den prächtigen Wagen, neugierig, welch ein Kern sich aus so unerhörter Schale enthülsen werde, und als der verdutzte Schneider endlich hervorsprang in seinem Mantel, blaß und schön und schwermütig zur Erde blickend, schien er ihnen wenigstens ein geheimnisvoller Prinz oder Grafensohn zu sein. Der Raum zwischen dem Reisewagen und der Pforte des Gasthauses war schmal und im übrigen der Weg durch die Zuschauer ziemlich gesperrt. Mochte es nun der Mangel an Geistesgegenwart oder an Mut sein, den Haufen zu durchbrechen und einfach seines Weges zu gehen, – er tat dieses nicht, sondern ließ sich willenlos in das Haus und die Treppe hinan geleiten und bemerkte seine neue seltsame Lage erst recht, als er sich in einen wohnlichen Speisesaal versetzt sah und ihm sein ehrwürdiger Mantel dienstfertig abgenommen wurde.

„Der Herr wünscht zu speisen?" hieß es, „gleich wird serviert werden, es ist eben gekocht!"

Ohne eine Antwort abzuwarten, lief der Waagwirt in die Küche und rief: „Ins drei Teufels Namen! Nun haben wir nichts als Rindfleisch und die Hammelskeule! Die Rebhuhnpastete darf ich nicht anschneiden, da sie für die Abendherren bestimmt und versprochen ist. So geht es! Den einzigen Tag, wo wir keinen Gast erwarten und nichts da ist, muß ein solcher Herr kommen! Und der Kutscher hat ein Wappen auf den Knöpfen und der Wagen ist wie der eines Herzogs! Und der junge Mann mag kaum den Mund öffnen vor Vornehmheit!"

Doch die ruhige Köchin sagte: „Nun, was ist denn da zu lamentieren, Herr? Die Pastete tragen Sie nur kühn auf, die wird er doch nicht aufessen! Die Abendherren bekommen sie dann portionsweise, sechs Portionen wollen wir schon noch herausbringen!"

„Sechs Portionen? Ihr vergeßt wohl, daß die Herren sich satt zu essen gewohnt sind!" meinte der Wirt, allein die Köchin fuhr unerschüttert fort: „Das sollen sie auch! Man läßt noch schnell ein halbes Dutzend Cotelettes holen, die brauchen wir sowieso für den Fremden, und was er übrig läßt, schneide ich in kleine Stückchen und menge sie unter die Pastete, da lassen Sie nur mich machen!"

Doch der wackere Wirt sagte ernsthaft: „Köchin, ich habe Euch schon einmal gesagt, daß dergleichen in dieser Stadt und in diesem Hause nicht angeht! Wir leben hier solid und ehrenfest und vermögen es!"

„Ei der Tausend, ja, ja!" rief die Köchin endlich etwas aufgeregt, „wenn man sich dann nicht zu helfen weiß, so opfere man die Sache! Hier sind zwei Schnepfen, die ich den Augenblick vom Jäger gekauft habe, die kann man am Ende der Pastete zusetzen! Eine mit Schnepfen gefälschte Rebhuhnpastete werden die Leckermäuler nicht beanstanden! Sodann sind auch die Forellen da, die größte habe ich in das siedende Wasser geworfen, wie der merkwürdige Wagen kam, und da kocht auch schon die Brühe im Pfännchen: so haben wir also einen Fisch, das Rindfleisch, das Gemüse mit den Cotelettes, den Hammelsbraten und die Pastete; geben Sie nur den Schlüssel, daß man das Eingemachte und den Dessert herausnehmen kann! Und den Schlüssel könnten Sie, Herr! mir mit Ehren und Zutrauen übergeben, damit man Ihnen nicht allerorten nachspringen muß und oft in die größte Verlegenheit gerät!"

„Liebe Köchin! das braucht Ihr nicht übel zu nehmen, ich habe meiner seligen Frau am Todbette versprechen müssen, die Schlüssel immer in Händen zu behalten; sonach geschieht es grundsätzlich und nicht aus Mißtrauen. Hier sind die Gurken und hier die Kirschen, hier die Birnen und hier die Aprikosen; aber das alte Confekt darf man nicht mehr aufstellen; geschwind soll die Lise zum Zuckerbeck laufen und frisches Backwerk holen, drei Teller, und wenn er eine gute Torte hat, soll er sie auch gleich mitgeben!"

„Aber Herr! Sie können ja dem einzigen Gaste da nicht alles aufrechnen, das schlägt's beim besten Willen nicht heraus!"

„Tut nichts, es ist um die Ehre! Das bringt mich nicht um; dafür soll ein großer Herr, wenn er durch unsere Stadt reist, sagen können, er habe ein ordentliches Essen gefunden, obgleich er unerwartet und im Winter gekommen sei! Es soll nicht heißen wie von den Wirten zu Seldwyl, die alles Gute selber fressen und den Fremden die Knochen vorsetzen! Also frisch, munter, sputet Euch allerseits!"

Während dieser umständlichen Zubereitungen befand sich der Schneider in der peinlichsten Angst, da der Tisch mit glänzendem Zeug gedeckt wurde, und so heiß sich der ausgehungerte Mann vor kurzem noch nach einiger Nahrung gesehnt hatte, so ängstlich wünschte er jetzt der drohenden Mahlzeit zu entfliehen. Endlich faßte er sich einen Mut, nahm seinen Mantel um, setzte die Mütze auf und begab sich hinaus, um den Ausweg zu gewinnen. Da er aber in seiner Verwirrung und in dem weitläufigen Hause die Treppe nicht gleich fand, so glaubte der Kellner, den der Teufel beständig umhertrieb, jener suche eine gewisse Bequemlichkeit, rief: „Erlauben Sie gefälligst, mein Herr, ich werde Ihnen den Weg weisen!" und führte ihn durch einen langen Gang, der nirgends anders endigte als vor einer schön lackierten Türe, auf welcher eine zierliche Inschrift angebracht war. Also ging der Mantelträger ohne Widerspruch, sanft wie ein Lämmlein, dort hinein und schloß ordentlich hinter sich zu. Dort lehnte er sich bitterlich seufzend an die Wand und wünschte der goldenen Freiheit der Landstraße wieder teilhaftig zu sein, welche ihm jetzt, so schlecht das Wetter war, als das höchste Glück erschien.

Doch verwickelte er sich jetzt in die erste selbsttätige Lüge, weil er in dem verschlossenen Raume ein wenig verweilte, und er betrat hiermit den abschlüssigen Weg des Bösen.

THEODOR FONTANE

Herr von Ribbeck auf Ribbeck im Havelland

Herr von Ribbeck auf Ribbeck im Havelland,
Ein Birnbaum in seinem Garten stand,
Und kam die goldene Herbsteszeit
Und die Birnen leuchteten weit und breit,
Da stopfte, wenn's Mittag vom Turme scholl,
Der von Ribbeck sich beide Taschen voll,
Und kam in Pantinen ein Junge daher,
So rief er: „Junge, wiste 'ne Beer?"
Und kam ein Mädel, so rief er: „Lütt Dirn,
Kumm man röwer, ick hebb 'ne Birn."

So ging es viel Jahre, bis lobesam
Der von Ribbeck auf Ribbeck zu sterben kam.
Er fühlte sein Ende, 's war Herbsteszeit,
Wieder lachten die Birnen weit und breit;
Da sagte von Ribbeck: „Ich scheide nun ab.
Legt mir eine Birne mit ins Grab."
Und drei Tage drauf, aus dem Doppeldachhaus,
Trugen von Ribbeck sie hinaus,
Alle Bauern und Büdner mit Feiergesicht
Sangen „Jesus meine Zuversicht",
Und die Kinder klagten, das Herze schwer:
„He is dod nu. Wer giwt uns nu 'ne Beer?"

So klagten die Kinder. Das war nicht recht –
Ach, sie kannten den alten Ribbeck schlecht;
Der *neue* freilich, der knausert und spart,
Hält Park und Birnbaum strenge verwahrt.
Aber der *alte*, vorahnend schon
Und voll Mißtrauen gegen den eigenen Sohn,
Der wusste genau, was damals er tat,
Als um eine Birn' ins Grab er bat,
Und im dritten Jahr aus dem stillen Haus
Ein Birnbaumsprössling sprosst heraus.

Und die Jahre gehen wohl auf und ab,
Längst wölbt sich ein Birnbaum über dem Grab,
Und in der goldenen Herbsteszeit
Leuchtet's wieder weit und breit.
Und kommt ein Jung' übern Kirchhof her,
So flüstert's im Baume: „Wiste 'ne Beer?"
Und kommt ein Mädel, so flüstert's: „Lütt Dirn,
Kumm man röwer, ick gew' di 'ne Birn."

So spendet Segen noch immer die Hand
Des von Ribbeck auf Ribbeck im Havelland.

WILHELM BUSCH

Humor

Es sitzt ein Vogel auf dem Leim,
Er flattert sehr und kann nicht heim,
Ein schwarzer Kater schleicht herzu,
Die Krallen scharf, die Augen gluh.
Am Baum hinauf und immer höher
Kommt er dem armen Vogel näher.

Der Vogel denkt: Weil das so ist
Und weil mich doch der Kater frißt,
So will ich keine Zeit verlieren,
Will noch ein wenig quinquilieren
Und lustig pfeifen wir zuvor.
Der Vogel, scheint mir, hat Humor.

GEORG WEERTH

Das Hungerlied

Verehrter Herr und König,
Weißt Du die schlimme Geschicht?
Am Montag aßen wir wenig,
Und am Dienstag aßen wir nicht.

Und am Mittwoch mußten wir darben,
Und am Donnerstag litten wir Not;
Und ach, am Freitag starben
Wir fast den Hungertod!

Drum laß am Samstag backen
Das Brot, fein säuberlich –
Sonst werden wir sonntags packen
Und fressen, o König, dich!

Gerhart Hauptmann

Bahnwärter Thiel

Thiels Frau war im Wochenbett gestorben, und der Junge, welchen
sie zur Welt gebracht, lebte und hatte den Namen Tobias erhalten.
„Ach so, der Junge", sagte der Geistliche und machte eine Bewegung,
die deutlich zeigte, daß er sich des Kleinen erst jetzt erinnere. „Das ist
etwas andres – wo habt Ihr ihn denn untergebracht, während Ihr im
Dienst seid?"
Thiel erzählte nun, wie er Tobias einer alten Frau übergeben, die ihn
einmal beinahe habe verbrennen lassen, während er ein anderes Mal
von ihrem Schoß auf die Erde gekugelt sei, ohne glücklicherweise
mehr als eine große Beule davonzutragen. Das könne nicht so weiter-
gehen, meinte er, zudem da der Junge, schwächlich wie er sei, eine
ganz besondere Pflege benötige. Deswegen und ferner, weil er der
Verstorbenen in die Hand gelobt, für die Wohlfahrt des Jungen zu
jeder Zeit ausgiebig Sorge zu tragen, habe er sich zu dem Schritte
entschlossen. –
Gegen das neue Paar, welches nun allsonntäglich zur Kirche kam,
hatten die Leute äußerlich durchaus nichts einzuwenden. Die frühere
Kuhmagd schien für den Wärter wie geschaffen. Sie war kaum einen
halben Kopf kleiner als er und übertraf ihn an Gliederfülle. Auch war
ihr Gesicht ganz so grob geschnitten wie das seine, nur daß ihm im
Gegensatz zu dem des Wärters die Seele abging.
Wenn Thiel den Wunsch gehegt hatte, in seiner zweiten Frau eine
unverwüstliche Arbeiterin, eine musterhafte Wirtschafterin zu haben,
so war dieser Wunsch in überraschender Weise in Erfüllung gegangen.
Drei Dinge jedoch hatte er, ohne es zu wissen, mit seiner Frau in Kauf

genommen: eine harte, herrschsüchtige Gemütsart, Zanksucht und brutale Leidenschaftlichkeit. Nach Verlauf eines halben Jahres war es ortsbekannt, wer in dem Häuschen des Wärters das Regiment führte. Man bedauerte den Wärter.

Tobias entwickelte sich nur langsam; erst gegen Ablauf seines zweiten Lebensjahres lernte er notdürftig sprechen und gehen. Dem Vater bewies er eine ganz besondere Zuneigung. Wie er verständiger wurde, erwachte auch die alte Liebe des Vaters wieder. In dem Maße, wie diese zunahm, verringerte sich die Liebe der Stiefmutter zu Tobias und schlug sogar in unverkennbare Abneigung um, als Lene nach Verlauf eines neuen Jahres ebenfalls einen Jungen gebar.

Von da an begann für Tobias eine schlimme Zeit. Er wurde besonders in Abwesenheit des Vaters unaufhörlich geplagt und mußte ohne die geringste Belohnung dafür seine schwachen Kräfte im Dienste des kleinen Schreihalses einsetzen, wobei er sich mehr und mehr aufrieb. Sein Kopf bekam einen ungewöhnlichen Umfang; die brandroten Haare und das kreidige Gesicht darunter machten einen unschönen und im Verein mit der übrigen kläglichen Gestalt erbarmungswürdigen Eindruck. Wenn sich der zurückgebliebene Tobias solchergestalt, das kleine, von Gesundheit strotzende Brüderchen auf dem Arme, hinunter zur Spree schleppte, so wurden hinter den Fenstern der Hütten Verwünschungen laut, die sich jedoch niemals hervorwagten. Thiel aber, welchen die Sache doch vor allem anging, schien keine Augen für sie zu haben und wollte auch die Winke nicht verstehen, welche ihm von wohlmeinenden Nachbarsleuten gegeben wurden.

An einem Junimorgen gegen sieben Uhr kam Thiel aus dem Dienst. Seine Frau hatte nicht so bald ihre Begrüßung beendet, als sie schon in gewohnter Weise zu lamentieren begann. Der Pachtacker, welcher bisher den Kartoffelbedarf der Familie gedeckt hatte, war vor Wochen

gekündigt worden, ohne daß es Lenen bisher gelungen war, einen
Ersatz dafür ausfindig zu machen. Wenngleich nun die Sorge um den
Acker zu ihren Obliegenheiten gehörte, so mußte doch Thiel ein Mal
übers andere hören, daß niemand als er daran schuld sei, wenn man
in diesem Jahre zehn Sack Kartoffeln für schweres Geld kaufen
müsse. Thiel brummte nur und begab sich, Lenens Reden wenig
Beachtung schenkend, sogleich an das Bett seines Ältesten, welches er
in den Nächten, wo er nicht im Dienst war, mit ihm teilte. Hier ließ
er sich nieder und beobachtete mit einem sorglichen Ausdruck seines
guten Gesichts das schlafende Kind, welches er, nachdem er die
zudringlichen Fliegen eine Weile von ihm abgehalten, schließlich
weckte. In den blauen, tiefliegenden Augen des Erwachenden malte
sich eine rührende Freude. Er griff hastig nach der Hand des Vaters,
indes sich seine Mundwinkel zu einem kläglichen Lächeln verzogen.
Der Wärter half ihm sogleich beim Anziehen der wenigen Kleidungsstücke, wobei plötzlich etwas wie ein Schatten durch seine Mienen
lief, als er bemerkte, daß sich auf der rechten, ein wenig angeschwol-
lenen Backe einige Fingerspuren weiß in rot abzeichneten.
Als Lene beim Frühstück mit vergrößertem Eifer auf vorberegte
Wirtschaftsangelegenheit zurückkam, schnitt er ihr das Wort ab mit
der Nachricht, daß ihm der Bahnmeister ein Stück Land längs des
Bahndammes in unmittelbarer Nähe des Wärterhauses umsonst überlassen habe, angeblich weil es ihm, dem Bahnmeister, zu abgelegen
sei.
Lene wollte das anfänglich nicht glauben. Nach und nach wichen
jedoch ihre Zweifel, und nun geriet sie in merklich gute Laune.
Ihre Fragen nach Größe und Güte des Ackers sowie andre mehr ver-
schlangen sich förmlich, und als sie erfuhr, daß bei alldem noch zwei
Zwergobstbäume darauf stünden, wurde sie rein närrisch. Als nichts
mehr zu erfragen übrigblieb, zudem die Türglocke des Krämers, die

man, beiläufig gesagt, in jedem einzelnen Hause des Ortes vernehmen konnte, unaufhörlich anschlug, schoß sie davon, um die Neuigkeit im Örtchen auszusprengen.

Während Lene in die dunkle, mit Waren überfüllte Kammer des Krämers kam, beschäftigte sich der Wärter daheim ausschließlich mit Tobias. Der Junge saß auf seinen Knien und spielte mit einigen Kiefernzapfen, die Thiel mit aus dem Walde gebracht hatte.

„Was willst du werden?" fragte ihn der Vater, und diese Frage war stereotyp wie die Antwort des Jungen: „Ein Bahnmeister." Es war keine Scherzfrage, denn die Träume des Wärters verstiegen sich in der Tat in solche Höhen, und er hegte allen Ernstes den Wunsch und die Hoffnung, daß aus Tobias mit Gottes Hilfe etwas Außergewöhnliches werden sollte. Sobald die Antwort „Ein Bahnmeister" von den blutlosen Lippen des Kleinen kam, der natürlich nicht wußte, was sie bedeuten sollte, begann Thiels Gesicht sich aufzuhellen, bis es förmlich strahlte von innerer Glückseligkeit.

„Geh, Tobias, geh spielen!" sagte er kurz darauf, indem er eine Pfeife Tabak mit einem im Herdfeuer entzündeten Span in Brand steckte, und der Kleine drückte sich alsbald in scheuer Freude zur Türe hinaus. Thiel entkleidete sich, ging zu Bett und entschlief, nachdem er geraume Zeit gedankenvoll die niedrige und rissige Stubendecke angestarrt hatte. Gegen zwölf Uhr mittags erwachte er, kleidete sich an und ging, während seine Frau in ihrer lärmenden Weise das Mittagbrot bereitete, hinaus auf die Straße, wo er Tobiaschen sogleich aufgriff, der mit den Fingern Kalk aus einem Loche in der Wand kratzte und in den Mund steckte. Der Wärter nahm ihn bei der Hand und ging mit ihm an den etwa acht Häuschen des Ortes vorüber bis hinunter zur Spree, die schwarz und glasig zwischen schwach belaubten Pappeln lag. Dicht am Rande des Wassers befand sich ein Granitblock, auf welchen Thiel sich niederließ.

Der ganze Ort hatte sich gewöhnt, ihn bei nur irgend erträglichem Wetter an dieser Stelle zu erblicken. Die Kinder besonders hingen an ihm, nannten ihn „Vater Thiel" und wurden von ihm in mancherlei Spielen unterrichtet, deren er sich aus seiner Jugendzeit erinnerte.

Das Beste jedoch von dem Inhalt seiner Erinnerungen war für Tobias. Er schnitzelte ihm Fitschepfeile, die höher flogen als die aller anderen Jungen. Er schnitt ihm Weidenpfeifchen und ließ sich sogar herbei, mit seinem verrosteten Baß das Beschwörungslied zu singen, während er mit dem Horngriff seines Taschenmessers die Rinde leise klopfte. Die Leute verübelten ihm seine Läppschereien; es war ihnen unerfindlich, wie er sich mit den Rotznasen so viel abgeben konnte. Im Grunde durften sie jedoch damit zufrieden sein, denn die Kinder waren unter seiner Obhut gut aufgehoben. Überdies nahm Thiel auch ernste Dinge mit ihnen vor, hörte den Großen ihre Schulaufgaben ab, half ihnen beim Lernen der Bibel- und Gesangbuchverse und buchstabierte mit den Kleinen a-b-ab, d-u-du, und so fort.

Nach dem Mittagessen legte sich der Wärter abermals zu kurzer Ruhe nieder. Nachdem sie beendigt, trank er den Nachmittagskaffee und begann gleich darauf sich für den Gang in den Dienst vorzubereiten. […]

Die Wanduhr mit dem langen Pendel und dem gelbsüchtigen Zifferblatt zeigte dreiviertel fünf, als Thiel fortging. Ein kleiner Kahn, sein Eigentum, brachte ihn über den Fluß. Am jenseitigen Spreeufer blieb er einige Male stehen und lauschte nach dem Ort zurück. Endlich bog er in einen breiten Waldweg und befand sich nach wenigen Minuten inmitten des tiefaufrauschenden Kiefernforstes, dessen Nadelmassen einem schwarzgrünen, wellenwerfenden Meer glichen. […]

Ein furchtbares Wetter, dachte Thiel, als er aus tiefem Nachdenken erwachte und aufschaute.

Plötzlich jedoch bekamen seine Gedanken eine andere Richtung.

Er fühlte dunkel, daß er etwas daheim vergessen haben müsse, und wirklich vermißte er beim Durchsuchen seiner Taschen das Butterbrot, welches er der langen Dienstzeit halber stets mitzunehmen genötigt war. Unschlüssig blieb er eine Weile stehen, wandte sich dann aber plötzlich und eilte in der Richtung des Dorfes zurück.

In kurzer Zeit hatte er die Spree erreicht, setzte mit wenigen kräftigen Ruderschlägen über und stieg gleich darauf, am ganzen Körper schwitzend, die sanft ansteigende Dorfstraße hinauf. Der alte, schäbige Pudel des Krämers lag mitten auf der Straße. Auf dem geteerten Plankenzaune eines Kossätenhofes saß eine Nebelkrähe. Sie spreizte die Federn, schüttelte sich, nickte, stieß ein ohrenzerreißendes Krä-krä aus und erhob sich mit pfeifendem Flügelschlag, um sich vom Winde in der Richtung des Forstes davontreiben zu lassen.

Von den Bewohnern der kleinen Kolonie, etwa zwanzig Fischern und Waldarbeitern mit ihren Familien, war nichts zu sehen.

Der Ton einer kreischenden Stimme unterbrach die Stille so laut und schrill, daß der Wärter unwillkürlich mit dem Laufen innehielt. Ein Schwall heftig herausgestoßener, mißtönender Laute schlug an sein Ohr, die aus dem offnen Giebelfenster eines niedrigen Häuschens zu kommen schienen, welches er nur zu wohl kannte.

Das Geräusch seiner Schritte nach Möglichkeit dämpfend, schlich er sich näher und unterschied nun ganz deutlich die Stimme seiner Frau. Nur noch wenige Bewegungen, und die meisten ihrer Worte wurden ihm verständlich.

„Was, du unbarmherziger, herzloser Schuft! soll sich das elende Wurm die Plautze ausschreien vor Hunger? – wie? – na, wart nur, wart, ich will dich lehren aufpassen! – du sollst dran denken." Einige Augenblicke blieb es still; dann hörte man ein Geräusch, wie wenn Kleidungsstücke ausgeklopft würden; unmittelbar darauf entlud sich ein neues Hagelwetter von Schimpfworten.

„Du erbärmlicher Grünschnabel", scholl es im schnellsten Tempo
herunter, „meinst du, ich sollte mein leibliches Kind wegen solch
einem Jammerlappen, wie du bist, verhungern lassen?" „Halt's
Maul!" schrie es, als ein leises Wimmern hörbar wurde, „oder du
sollst eine Portion kriegen, an der du acht Tage zu fressen hast."
Das Wimmern verstummte nicht.

Der Wärter fühlte, wie sein Herz in schweren, unregelmäßigen Schlägen ging. Er begann leise zu zittern. Seine Blicke hingen wie abwesend am Boden fest, und die plumpe und harte Hand strich mehrmals ein Büschel nasser Haare zur Seite, das immer von neuem in die sommersprossige Stirne hineinfiel.

Einen Augenblick drohte es ihn zu überwältigen. Es war ein Krampf, der die Muskeln schwellen machte und die Finger der Hand zur Faust zusammenzog. Es ließ nach, und dumpfe Mattigkeit blieb zurück. Unsicheren Schrittes trat der Wärter in den engen, ziegelgepflasterten Hausflur. Müde und langsam erklomm er die knarrende Holzstiege.

„Pfui, pfui, pfui!" hob es wieder an; dabei hörte man, wie jemand dreimal hintereinander mit allen Zeichen der Wut und Verachtung ausspie. „Du erbärmlicher, niederträchtiger, hinterlistiger, hämischer, feiger, gemeiner Lümmel!" Die Worte folgten einander in steigender Betonung, und die Stimme, welche sie herausstieß, schnappte zuweilen über vor Anstrengung. „Meinen Buben willst du schlagen, was? Du elende Göre unterstehst dich, das arme, hilflose Kind aufs Maul zu schlagen? – wie? – he, wie? – Ich will mich nur nicht dreckig machen an dir, sonst – …"

In diesem Augenblick öffnete Thiel die Tür des Wohnzimmers, weshalb der erschrockenen Frau das Ende des begonnenen Satzes in der Kehle steckenblieb. Sie war kreidebleich vor Zorn; ihre Lippen zuckten bösartig; sie hatte die Rechte erhoben, senkte sie und griff nach dem Milchtopf, aus dem sie ein Kinderfläschchen vollzufüllen versuchte. Sie ließ jedoch diese Arbeit, da der größte Teil der Milch über den Flaschenhals auf den Tisch rann, halb verrichtet, griff vollkommen fassungslos vor Erregung bald nach diesem, bald nach jenem Gegenstand, ohne ihn länger als einige Augeblicke festhalten zu können, und ermannte sich endlich so weit, ihren Mann heftig anzulassen: was es denn heißen solle, daß er um diese ungewöhnliche

Zeit nach Hause käme, er würde sie doch nicht etwa gar belauschen wollen. „Das wäre noch das Letzte", meinte sie, und gleich darauf: sie habe ein reines Gewissen und brauche vor niemand die Augen niederzuschlagen.

Thiel hörte kaum, was sie sagte. Seine Blicke streiften flüchtig das heulende Tobiaschen. Einen Augenblick schien es, als müsse er gewaltsam etwas Furchtbares zurückhalten, was in ihm aufstieg; dann legte sich über die gespannten Mienen plötzlich das alte Phlegma, von einem verstohlnen begehrlichen Aufblitzen der Augen seltsam belebt. Sekundenlang spielte sein Blick über den starken Gliedmaßen seines Weibes, das, mit abgewandtem Gesicht herumhantierend, noch immer nach Fassung suchte. Ihre vollen, halbnackten Brüste blähten sich vor Erregung und drohten das Mieder zu sprengen, und ihre aufgerafften Röcke ließen die breiten Hüften noch breiter erscheinen. Eine Kraft schien von dem Weibe auszugehen, unbezwingbar, unentrinnbar, der Thiel sich nicht gewachsen fühlte.

Leicht gleich einem feinen Spinngewebe und doch fest wie ein Netz von Eisen legte es sich um ihn, fesselnd, überwindend, erschlaffend. Er hätte in diesem Zustand überhaupt kein Wort an sie zu richten vermocht, am allerwenigsten ein hartes, und so mußte Tobias, der in Tränen gebadet und verängstet in einer Ecke hockte, sehen, wie der Vater, ohne auch nur weiter nach ihm umzuschauen, das vergeßne Brot von der Ofenbank nahm, es der Mutter als einzige Erklärung hinhielt und mit einem kurzen, zerstreuten Kopfnicken sogleich wieder verschwand.

CHRISTIAN MORGENSTERN

Der Schnupfen

Ein Schnupfen hockt auf der Terrasse,
auf daß er sich ein Opfer fasse

       – und stürzt alsbald mit großem Grimm
       auf einen Menschen namens Schrimm.

Paul Schrimm erwidert prompt: Pitschü!
und *hat* ihn drauf bis Montag früh.

CHRISTIAN MORGENSTERN

Das ästhetische Wiesel

Ein Wiesel
saß auf einem Kiesel
inmitten Bachgeriesel.

Wißt ihr
weshalb?

Das Mondkalb
verriet es mir
im Stillen:

Das raffinier-
te Tier
tats um des Reimes willen.

RAINER MARIA RILKE

Die Aufzeichnungen des Malte Laurids Brigge

Daß ich es nicht lassen kann, bei offenem Fenster zu schlafen. Elektrische Bahnen rasen läutend durch meine Stube. Automobile gehen über mich hin. Eine Tür fällt zu. Irgendwo klirrt eine Scheibe herunter, ich höre ihre großen Scherben lachen, die kleinen Splitter kichern. Dann plötzlich dumpfer, eingeschlossener Lärm von der anderen Seite, innen im Hause. Jemand steigt die Treppe. Kommt, kommt unaufhörlich. Ist da, ist lange da, geht vorbei. Und wieder die Straße. Ein Mädchen kreischt: Ah tais-toi, je ne veux plus. Die Elektrische rennt ganz erregt heran, darüber fort, fort über alles. Jemand ruft. Leute laufen, überholen sich. Ein Hund bellt. Was für eine Erleichterung: ein Hund. Gegen Morgen kräht sogar ein Hahn, und das ist Wohltun ohne Grenzen. Dann schlafe ich plötzlich ein.

Das sind die Geräusche. Aber es giebt hier etwas, was furchtbarer ist: die Stille. Ich glaube, bei großen Bränden tritt manchmal so ein Augenblick äußerster Spannung ein, die Wasserstrahlen fallen ab, die Feuerwehrleute klettern nicht mehr, niemand rührt sich. Lautlos

schiebt sich ein schwarzes Gesimse vor oben, und eine hohe Mauer, hinter welcher das Feuer auffährt, neigt sich, lautlos. Alles steht und wartet mit hochgeschobenen Schultern, die Gesichter über die Augen zusammengezogen, auf den schrecklichen Schlag. So ist hier die Stille.

Ich lerne sehen. Ich weiß nicht, woran es liegt, es geht alles tiefer in mich ein und bleibt nicht an der Stelle stehen, wo es sonst immer zu Ende war. Ich habe ein Inneres, von dem ich nicht wußte. Alles geht jetzt dorthin. Ich weiß nicht, was dort geschieht.
Ich habe heute einen Brief geschrieben, dabei ist es mir aufgefallen, daß ich erst drei Wochen hier bin. Drei Wochen anderswo, auf dem Lande zum Beispiel, das konnte sein wie ein Tag, hier sind es Jahre. Ich will auch keinen Brief mehr schreiben. Wozu soll ich jemandem sagen, daß ich mich verändere? Wenn ich mich verändere, bleibe ich ja doch nicht der, der ich war, und bin ich etwas anderes als bisher, so ist klar, daß ich keine Bekannten habe. Und an fremde Leute, an Leute, die mich nicht kennen, kann ich unmöglich schreiben.

Habe ich es schon gesagt? Ich lerne sehen. Ja, ich fange an. Es geht noch schlecht. Aber ich will meine Zeit ausnutzen.

Daß es mir zum Beispiel niemals zum Bewußtsein gekommen ist,
wieviel Gesichter es giebt. Es giebt eine Menge Menschen, aber noch
viel mehr Gesichter, denn jeder hat mehrere. Da sind Leute, die tragen
ein Gesicht jahrelang, natürlich nutzt es sich ab, es wird schmutzig,
es bricht in den Falten, es weitet sich aus wie Handschuhe, die man
auf der Reise getragen hat. Das sind sparsame, einfache Leute; sie
wechseln es nicht, sie lassen es nicht einmal reinigen. Es sei gut genug,
behaupten sie, und wer kann ihnen das Gegenteil nachweisen? Nun
fragt es sich freilich, da sie mehrere Gesichter haben, was tun sie mit
den anderen? Sie heben sie auf. Ihre Kinder sollen sie tragen. Aber
es kommt auch vor, daß ihre Hunde damit ausgehen. Weshalb auch
nicht? Gesicht ist Gesicht. Andere Leute setzen unheimlich schnell
ihre Gesichter auf, eins nach dem andern, und tragen sie ab. Es
scheint ihnen zuerst, sie hätten für immer, aber sie sind kaum vierzig;
da ist schon das letzte. Das hat natürlich seine Tragik. Sie sind nicht
gewohnt, Gesichter zu schonen, ihr letztes ist in acht Tagen durch,
hat Löcher, ist an vielen Stellen dünn wie Papier, und da kommt dann
nach und nach die Unterlage heraus, das Nichtgesicht, und sie gehen
damit herum.

RAINER MARIA RILKE

Der Panther

Im Jardin des Plantes, Paris

Sein Blick ist vom Vorübergehn der Stäbe
so müd geworden, daß er nichts mehr hält.
Ihm ist, als ob es tausend Stäbe gäbe
und hinter tausend Stäben keine Welt.

Der weiche Gang geschmeidig starker Schritte,
der sich im allerkleinsten Kreise dreht,
ist wie ein Tanz von Kraft um eine Mitte,
in der betäubt ein großer Wille steht.

Nur manchmal schiebt der Vorhang der Pupille
sich lautlos auf –. Dann geht ein Bild hinein,
geht durch der Glieder angespannte Stille –
und hört im Herzen auf zu sein.

HEINRICH MANN

Der Untertan

Diederich Heßling war ein weiches Kind, das am liebsten träumte,
sich vor allem fürchtete und viel an den Ohren litt. Ungern verließ er
im Winter die warme Stube, im Sommer den engen Garten, der nach
den Lumpen der Papierfabrik roch und über dessen Goldregen- und
Fliederbäumen das hölzerne Fachwerk der alten Häuser stand. Wenn
Diederich vom Märchenbuch, dem geliebten Märchenbuch, aufsah,
erschrak er manchmal sehr. Neben ihm auf der Bank hatte ganz
deutlich eine Kröte gesessen, halb so groß wie er selbst! Oder an der
Mauer dort drüben stak bis zum Bauch in der Erde ein Gnom und
schielte her!

Fürchterlicher als Gnom und Kröte war der Vater, und obendrein
sollte man ihn lieben. Diederich liebte ihn. Wenn er genascht oder
gelogen hatte, drückte er sich so lange schmatzend und scheu
wedelnd am Schreibpult umher, bis Herr Heßling etwas merkte und
den Stock von der Wand nahm. Jede nicht herausgekommene Untat
mischte in Diederichs Ergebenheit und Vertrauen einen Zweifel. Als
der Vater einmal mit seinem invaliden Bein die Treppe hinunterfiel,
klatschte der Sohn wie toll in die Hände – worauf er weglief.
Kam er nach einer Abstrafung mit gedunsenem Gesicht und unter
Geheul an der Werkstätte vorbei, dann lachten die Arbeiter. Sofort
aber streckte Diederich nach ihnen die Zunge aus und stampfte.
Er war sich bewußt: ,Ich habe Prügel bekommen, aber von meinem
Papa. Ihr wäret froh, wenn ihr auch Prügel von ihm bekommen
könntet. Aber dafür seid ihr viel zu wenig.'
Er bewegte sich zwischen ihnen wie ein launenhaf-
ter Pascha; drohte ihnen bald, es dem Vater zu
melden, daß sie sich Bier holten, und bald ließ
er kokett aus sich die Stunde herausschmei-
cheln, zu der Herr Heßling zurückkehren
sollte. […] Die von den Lumpen abgetrennten
Knöpfe durften ihm nicht entgehen. Sein kleiner
Sohn ließ sich oft von den Frauen welche zustecken,
dafür, daß er die nicht angab, die einige mitnahmen. Eines Tages
hatte er so viele beisammen, daß ihm der Gedanke kam, sie beim
Krämer gegen Bonbons umzutauschen. Es gelang – aber am Abend
kniete Diederich, indes er den letzten Malzzucker zerlutschte, sich ins
Bett und betete, angstgeschüttelt, zu dem schrecklichen lieben Gott,
er möge das Verbrechen unentdeckt lassen. Er brachte es dennoch an
den Tag. Dem Vater, der immer nur methodisch, Ehrenfestigkeit und
Pflicht auf dem verwitterten Unteroffiziersgesicht, den Stock geführt

hatte, zuckte diesmal die Hand, und in die eine Bürste seines silbrigen Kaiserbartes lief, über die Runzeln hüpfend, eine Träne. „Mein Sohn hat gestohlen", sagt er außer Atem, mit dumpfer Stimme, und sah sich das Kind an wie einen verdächtigen Eindringling. „Du betrügst und stiehlst. Du brauchst nur noch einen Menschen totzuschlagen." Frau Heßling wollte Diederich nötigen, vor dem Vater hinzufallen und ihn um Verzeihung zu bitten, weil der Vater seinetwegen geweint habe! Aber Diederichs Instinkt sagte ihm, daß dies den Vater nur noch mehr erbost haben würde. Mit der gefühlsseligen Art seiner Frau war Heßling durchaus nicht einverstanden. Sie verdarb das Kind fürs Leben. Übrigens ertappte er sie geradeso auf Lügen wie den Diedel. Kein Wunder, da sie Romane las! Am Sonnabendabend war nicht immer die Wochenarbeit getan, die ihr aufgegeben war. Sie klatschte, anstatt sich zu rühren, mit dem Dienstmädchen … Und Heßling wußte noch nicht einmal, daß seine Frau auch naschte, gerade wie ein Kind. Bei Tisch wagte sie sich nicht satt zu essen und schlich nachträglich an den Schrank. Hätte sie sich in die Werkstatt getraut, würde sie auch Knöpfe gestohlen haben.

Sie betete mit dem Kind „aus dem Herzen", nicht nach Formeln, und bekam dabei gerötete Wangen- knochen. Sie schlug es auch, aber Hals über Kopf und verzerrt vor Rachsucht. Oft war sie dabei im Unrecht. Dann drohte Diederich, sie beim Vater zu verklagen; tat so, als ginge er ins Kontor, und freute sich irgendwo hinter einer Mauer, daß sie nun Angst hatte. Ihre zärtlichen Stunden nützte er aus; aber er fühlte gar keine Achtung vor seiner Mutter. Ihre Ähnlichkeit mit ihm selbst verbot es ihm. Denn er achtete sich selbst nicht, dafür ging er mit einem zu schlechten Gewissen durch sein Leben, das vor den Augen des Herrn nicht hätte bestehen können. […]

Nach so vielen furchtbaren Gewalten, denen man unterworfen war, nach den Märchenkröten, dem Vater, dem lieben Gott, dem Burggespenst und der Polizei, nach dem Schornsteinfeger, der einen durch den ganzen Schlot schleifen konnte, bis man auch ein schwarzer Mann war, und dem Doktor, der einen im Hals pinseln durfte und schütteln, wenn man schrie – nach all diesen Gewalten geriet nun Diederich unter eine noch furchtbarere, den Menschen auf einmal ganz verschlingende: die Schule. Diederich betrat sie heulend, und auch die Antworten, die er wußte, konnte er nicht geben, weil er heulen mußte. Allmählich lernte er den Drang zum Weinen gerade dann auszunutzen, wenn er nicht gelernt hatte – denn alle Angst machte ihn nicht fleißiger oder weniger träumerisch –, und vermied so, bis die Lehrer sein System durchschaut hatten, manche üblen Folgen. Dem ersten, der es durchschaute, schenkte er seine ganze Achtung; er war plötzlich still und sah ihn, über den gekrümmten und vors Gesicht gehaltenen Arm hinweg, mit scheuer Hingabe an. Immer blieb er den scharfen Lehrern ergeben und willfährig. Den gutmütigen spielte er kleine, schwer nachweisbare Streiche, deren er sich rühmte.

Thomas Mann

Buddenbrooks

Jetzt kam eine lustige Stunde, vor der sich keine Seele zu fürchten
brauchte, und die nichts als Unfug und Amüsement versprach. Es
war das Englische bei dem Kandidaten Modersohn, einem jungen
Philologen, der seit ein paar Wochen probeweise in der Anstalt
wirkte oder, wie Kai Graf Mölln es ausdrückte, ein Gastspiel auf
Engagement absolvierte. Aber er hatte wenig Aussicht, engagiert zu
werden; es ging allzu fröhlich in seinen Stunden zu …
Einige blieben im Chemiesaale, und andere gingen ins Klassenzimmer
hinauf; aber auf dem Hofe brauchte jetzt niemand zu frieren, denn
droben auf dem Korridor hatte schon während der Pause Herr
Modersohn die Aufsicht, und der wagte keinen hinunterzuschicken.
Auch galt es, Vorbereitungen zu seinem Empfange zu treffen …
Es wurde nicht einmal ein wenig stiller in der Klasse, als es zur vierten
Stunde schellte. Alles schwatzte und lachte, voll Freude auf den Tanz,
der nun bevorstand. Graf Mölln, den Kopf in beide Hände gestützt,
fuhr fort, sich mit Roderich Usher zu beschäftigen, und Hanno saß
still und sah dem Spektakel zu. Einige ahmten Tierstimmen nach.
Ein Hahnenschrei zerriß die Luft, und dort hinten saß Wasservogel
und grunzte genau wie ein Schwein, ohne daß man sehen konnte,
daß diese Laute aus seinem Innern kamen. An der Wandtafel prangte
eine große Kreidezeichnung, eine schielende Fratze, die der Rhapsode
Timm vollbracht hatte. Und als dann Herr Modersohn eintrat,
konnte er trotz der heftigsten Anstrengung die Tür nicht hinter sich
schließen, weil ein dicker Tannenzapfen in der Spalte stak, der erst
von Adolf Todtenhaupt entfernt werden mußte …

Der Kandidat Modersohn war ein kleiner, unansehnlicher Mann, der beim Gehen eine Schulter schräg voranschob, mit einem säuerlich verzogenen Gesicht und sehr dünnem schwarzem Bart. Er war in furchtbarer Verlegenheit. Immer zwinkerte er mit seinen blanken Augen, zog den Atem ein und öffnete den Mund, als wollte er etwas sagen. Aber er fand nicht die Worte, die nötig waren. Nach drei Schritten, die er von der Tür aus zurückgelegt, trat er auf eine Knallerbse von seltener Qualität, die einen Lärm verursache, als habe er auf Dynamit getreten. Er fuhr heftig zusammen, lächelte dann in seiner Not, tat, als sei nichts geschehen, und stellte sich vor die mittlere Bankreihe, indem er sich nach seiner Gewohnheit, schief gebückt, mit einer Handfläche auf die vorderste Pultplatte stützte. Aber man kannte diese seine Lieblingsstellung, und darum hatte man diese Stelle des Tisches mit Tinte beschmiert, so daß Herr Modersohn sich nun seine ganze kleine, ungeschickte Hand besudelte. Er tat, als bemerke er es nicht, legte die nasse und geschwärzte Hand auf den Rücken, blinzelte und sagte mit weicher und schwacher Stimme: „Die Ordnung in der Klasse läßt zu wünschen übrig."
Hanno Buddenbrook liebte ihn in diesem Augenblick und blickte unbeweglich in sein hilflos verzogenes Gesicht. Aber Wasservogels Grunzen ward immer lauter und natürlicher, und plötzlich prasselten eine Menge Erbsen gegen die Fensterscheibe, prallten ab und fielen rasselnd ins Zimmer zurück.
„Es hagelt", sagte jemand laut und deutlich; und Herr Modersohn schien das zu glauben, denn er zog sich ohne weiteres aufs Katheder zurück und verlangte nach dem Klassenbuche. Dies tat er nicht, um jemanden einzuschreiben; sondern, obgleich er bereits fünf oder sechs Unterrichtsstunden in dieser Klasse erteilt hatte, kannte er doch die Schüler bis auf einige wenige noch nicht und war genötigt, die Namen aufs Geratewohl aus dem schriftlichen Verzeichnis abzulesen.

„Feddermann", sagte er, „wollen Sie, bitte, das Gedicht aufsagen."

„Fehlt!" schrie eine Menge verschiedenartiger Stimmen. Und dabei saß Feddermann groß und breit an seinem Platze und schnellte mit unglaublicher Geschwindigkeit Erbsen durch die ganze Stube.

Herr Modersohn blinzelte und buchstabierte sich einen neuen Namen zusammen.

„Wasservogel", sagte er.

„Verstorben!" rief Petersen, der vom Galgenhumor ergriffen worden war. Und unter Füßescharren, Gegrunz, Gekräh und Hohngelächter wiederholten alle, daß Wasservogel tot sei.

Herr Modersohn blinzelte abermals, er blickte um sich, verzog säuerlich den Mund und sah dann wieder ins Klassenbuch, indem er mit seiner kleinen, ungeschickten Hand auf den Namen zeigte, den er nun aufrufen wollte.

„Perlemann", sagte er ohne viel Zuversicht.

„Leider dem Wahnsinn verfallen", sprach Kai Graf Mölln klar und fest; und unter wachsendem Hallo wurde auch dies bestätigt.

Da stand Herr Modersohn auf und rief in den Lärm hinein: „Buddenbrook, Sie werden mir eine Strafarbeit anfertigen. Wiederholt sich Ihr Lachen, so werde ich Sie tadeln müssen."

Dann setzte er sich wieder. – In der Tat, Buddenbrook hatte gelacht, er war über Kais Witz in ein leises und heftiges Lachen geraten, dem er nicht Einhalt gebieten konnte. Er fand ihn gut, und besonders das ‚Leider' erschütterte ihn mit Komik. Als aber Herr Modersohn ihn anherrschte, wurde er ruhig und blickte still und finster auf den Kandidaten. Er sah in diesem Augenblick alles an ihm, jedes jämmerliche Härchen seines Bartes, der überall die Haut durchscheinen ließ, und seine braunen, blanken, hoffnungslosen Augen; sah, daß er gleichsam zwei Paar Manschetten an seinen kleinen, ungeschickten Händen trug, weil seine Hemdärmel an den Gelenken ebenso lang und breit waren wie die eigentlichen Manschetten, sah seine ganze armselige und verzweifelte Gestalt. Er sah auch in sein Inneres hinein. Hanno Buddenbrook war beinahe der einzige, den Herr Modersohn schon mit Namen kannte, und das benutzte er dazu, ihn beständig zur Ordnung zu rufen, ihm Strafarbeiten zu diktieren und ihn zu tyrannisieren. Er kannte den Schüler Buddenbrook nur deshalb, weil er sich durch stilles Verhalten von den anderen unterschieden hatte, und diese Sanftmut nützte er dazu aus, ihn unaufhörlich die Autorität fühlen zu lassen, die er den Lauten und Frechen gegenüber nicht geltend zu machen wagte. ,Selbst das Mitleid wird einem auf Erden durch die Gemeinheit unmöglich gemacht', dachte Hanno. ,Ich nehme nicht daran teil, Sie zu quälen und auszubeuten, Kandidat Modersohn, weil ich das brutal, häßlich und gewöhnlich finde, und wie antworten Sie mir? Aber so ist es, so ist es, so wird es immer und überall sich verhalten', dachte er, und Furcht und Übelkeit stiegen wieder in ihm auf. ,Und daß ich Sie obendrein so widerlich deutlich durchschauen muß! …'

Endlich fand sich einer, der weder tot noch wahnsinnig war und es übernehmen wollte, die englischen Verse aufzusagen. Es handelte sich um ein Gedicht, das ,The monkey' hieß, ein kindisches Mach-werk, das man diesen jungen Leuten, die sich großenteils aufs Meer, ins Geschäft, ins ernsthafte Lebensgetriebe sehnten, zugemutet hatte, auswendig zu lernen.

„Monkey, little merry fellow,
Thou art nature's punchinello …"

Es gab eine Menge Strophen, und der Schüler Kaßbaum las sie aus seinem Buche vor. Herrn Modersohn gegenüber brauchte man sich nicht den geringsten Zwang anzutun. Und der Lärm war immer noch ärger geworden. Alle Füße waren in Bewegung und scharrten den staubigen Boden. Der Hahn krähte, das Schwein grunzte, die Erbsen flogen. Die Zügellosigkcit berauschte die fünfundzwanzig. Die ungeordneten Instinkte ihrer sechzehn, siebzehn Jahre wurden wach. Blätter mit obszönen Bleistiftzeichnungen wurden emporgehoben, umhergeschickt und gierig belacht …

Auf einmal verstummte alles. Der Rezitierende unterbrach sich. Herr Modersohn selbst richtete sich auf und lauschte. Etwas Liebliches geschah. Feine und glockenreine Klänge drangen aus dem Hintergrunde des Zimmers und flossen süß, sinnig und zärtlich in die plötzliche Stille. Es war eine Spieluhr, die jemand mitgebracht hatte, und die ‚Du, du liegst mir am Herzen‘ spielte, mitten in der englischen Stunde. Genau aber in dem Augenblick, da die zierliche Melodie verklang, vollzog sich etwas Fürchterliches … es brach über alle Anwesenden herein, grausam, unerwartet, übergewaltig und lähmend.

Ohne daß nämlich geklopft worden wäre, öffnete sich mit einem Ruck die Tür sperrangelweit, etwas Langes und Ungeheures kam herein, stieß einen brummenden Lippenlaut aus und stand mit einem einzigen Seitenschritt mitten vor den Bänken … Es war der liebe Gott.

Herr Modersohn war aschfahl geworden und zerrte den Armstuhl vom Katheder herunter, indem er ihn mit seinem Schnupftuche abwischte. Die Schüler waren emporgeschnellt wie ein Mann. Sie preßten die Arme an die Flanken, stellten sich auf die Zehenspitzen, beugten die Köpfe und bissen sich auf die Zungen vor rasender Devotion. Es herrschte tiefe Lautlosigkeit. Jemand seufzte vor Anstrengung, und dann war alles wieder still.

Direktor Wulicke musterte eine Weile die salutierenden Kolonnen, worauf er die Arme mit den trichterförmigen schmutzigen Manschetten erhob und sie mit weitgespreizten Fingern senkte, wie jemand, der voll in die Tasten greift. „Setzt euch", sagt er dabei mit seinem Kontrabaßorgan. Er duzte jedermann.

Die Schüler versanken. Herr Modersohn zog mit zitternden Händen den Armstuhl herbei, und der Direktor setzte sich zur Seite des Katheders. „Bitte, nur fortzufahren", sagte er; und das klang genau so entsetzlich, als hätte er gesagt: „Wir werden ja sehen, und wehe demjenigen …!"

Es war klar, warum er erschienen war. Herr Modersohn sollte vor ihm eine Probe seiner Unterrichtskunst ablegen, sollte zeigen, was die Realuntersekunda in sechs oder sieben Stunden bei ihm gelernt hatte; es galt Herrn Modersohns Existenz und Zukunft. Der Kandidat bot einen traurigen Anblick, als er wieder auf dem Katheder stand und jemanden zur Wiederholung des Gedichtes ‚The monkey' aufrief. Und wie bislang nur die Schüler geprüft und begutachtet worden waren, so geschah es nun gleichzeitig auch mit dem Lehrer … Ach, es erging

beiden Teilen schlecht! Das Erscheinen Direktor Wulickes war eine
Überrumpelung, und niemand, bis auf zwei oder drei, war vorbereitet.
Herr Modersohn konnte unmöglich die ganze Stunde lang Adolf
Todtenhaupt fragen, der alles wußte. Da ‚The monkey‘ in Gegenwart
des Direktors nicht mehr abgelesen werden konnte, so ging es jam-
mervoll, und als die Lektüre von ‚Ivanhoe‘ an die Reihe kam, konnte
eigentlich nur der junge Graf Mölln ein wenig übersetzen, weil bei
ihm ein privates Interesse für den Roman vorhanden war. Die übrigen
stocherten hustend und hilflos zwischen den Vokabeln umher. Auch
Hanno Buddenbrook ward aufgerufen und kam nicht über eine Zeile
hinweg. Direktor Wulicke stieß einen Laut aus, wie wenn die tiefste
Saite des Kontrabasses heftig angestrichen wird. Herr Modersohn
rang seine kleinen, ungeschickten, mit Tinte besudelten Hände und
wiederholte jammernd: „Und sonst ging es immer so gut! Und sonst
ging es immer so gut!“
Dies wiederholte er noch, als es schellte, verzweiflungsvoll halb an die
Schüler und halb an den Direktor gewendet. Aber der liebe Gott
stand fürchterlich aufgerichtet, mit verschränkten Armen vor seinem
Stuhle und blickte mit abweisendem Kopfnicken starr über die Klasse
hinweg … Und dann befahl er das Klassenbuch und schrieb langsam
allen denjenigen, deren Leistungen soeben mangelhaft oder gleich
Null gewesen waren, einen Tadel wegen Trägheit hinein, sechs oder
sieben Schülern auf einmal. Herr Modersohn konnte nicht einge-
schrieben werden, aber er war schlimmer daran als alle; er stand da,
fahl, gebrochen und abgetan. Hanno Buddenbrook aber war ebenfalls unter den Getadelten. – „Ich will euch eure Karriere schon
verderben“, sagte Direktor Wulicke noch. Und dann verschwand er.

HERMANN HESSE

Stufen

Wie jede Blüte welkt und jede Jugend
Dem Alter weicht, blüht jede Lebensstufe,
Blüht jede Weisheit auch und jede Tugend
Zu ihrer Zeit und darf nicht ewig dauern.
Es muß das Herz bei jedem Lebensrufe
Bereit zum Abschied sein und Neubeginne,
Um sich in Tapferkeit und ohne Trauern
In andre, neue Bindungen zu geben.
Und jedem Anfang wohnt ein Zauber inne,
Der uns beschützt und der uns hilft, zu leben.

Wir sollen heiter Raum um Raum durchschreiten,
An keinem wie an einer Heimat hängen,
Der Weltgeist will nicht fesseln uns und engen,
Er will uns Stuf' um Stufe heben, weiten.
Kaum sind wir heimisch einem Lebenskreise
Und traulich eingewohnt, so droht Erschlaffen,
Nur wer bereit zu Aufbruch ist und Reise,
Mag lahmender Gewöhnung sich entraffen.

Es wird vielleicht auch noch die Todesstunde
Uns neuen Räumen jung entgegen senden,
Des Lebens Ruf an uns wird niemals enden ...
Wohlan denn, Herz, nimm Abschied und gesunde!

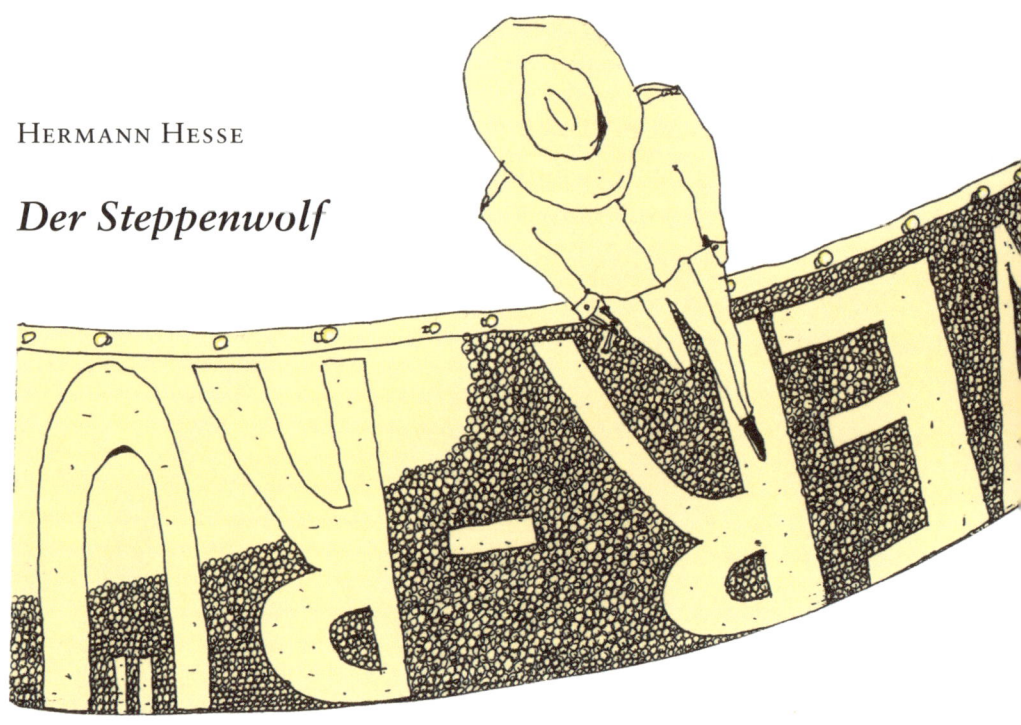

Hermann Hesse

Der Steppenwolf

Mit gespielter Munterkeit trabte ich über den feucht beschlagenen
Asphalt der Gassen, tränend und umflort blickten die Laternenlichter
durch die kühlfeuchte Trübe und sogen träge Spiegellichter aus dem
nassen Boden. Meine vergessenen Jünglingsjahre fielen mir ein – wie
habe ich damals solche finstre und trübe Abende im Spätherbst und
Winter geliebt, wie gierig und berauscht sog ich damals die Stimmun-
gen der Einsamkeit und Melancholie, wenn ich halbe Nächte, in den
Mantel gehüllt, bei Regen und Sturm durch die feindliche, entblätterte
Natur lief, einsam auch damals schon, aber voll tiefen Genießens und
voll von Versen, die ich nachher bei Kerzenlicht in meiner Kammer,
auf dem Bettrand sitzend, aufschrieb! Nun, dies war vorüber, dieser
Becher war ausgetrunken und wurde mir nicht mehr gefüllt. War es
schade darum? Es war nicht schade darum. Es war um nichts schade,
was vorüber war. Schade war es um das Jetzt und Heute, um all diese

ungezählten Stunden und Tage, die ich verlor, die ich nur erlitt, die weder Geschenke noch Erschütterungen brachten. Aber Gott sei gelobt, es gab auch Ausnahmen, es gab zuweilen, selten, auch andre Stunden, die brachten Erschütterungen, brachten Geschenke, rissen Wände ein und brachten mich Verirrten wieder zurück ans lebendige Herz der Welt. Traurig und doch zu innerst angeregt suchte ich mich des letzten Erlebnisses dieser Art zu erinnern. Es war bei einem Konzert gewesen, eine herrliche alte Musik wurde gespielt, da war zwischen zwei Takten eines von Holzbläsern gespielten Piano mir plötzlich wieder die Tür zum Jenseits aufgegangen, ich hatte Himmel durchflogen und Gott an der Arbeit gesehen, hatte selige Schmerzen gelitten und mich gegen nichts mehr in der Welt gewehrt, mich vor nichts mehr in der Welt gefürchtet, hatte alles bejaht, hatte an alles mein Herz hingegeben. Es hatte nicht lange gedauert, vielleicht eine Viertelstunde, aber es war im Traum jener Nacht wiedergekehrt und hatte seither, durch alle die öden Tage, hin und wieder heimlich auf-geglänzt, ich sah es zuweilen für Minuten deutlich wie eine goldene göttliche Spur durch mein Leben gehen, fast immer tief im Kot und Staub verschüttet, dann wieder in goldnen Funken vorleuchtend, nie mehr verlierbar scheinend und dennoch bald wieder tief verloren. Einmal geschah es nachts, daß ich im Wachliegen plötzlich Verse sagte, Verse viel zu schön und viel zu wunderlich, als daß ich daran hätte denken dürfen, sie aufzuschreiben, die ich am Morgen nicht mehr wußte und die doch in mir verborgen lagen wie die schwere Nuß in einer alten brüchigen Schale. Ein andermal kam es beim Lesen eines Dichters, beim Nachdenken eines Gedankens von Descartes, von Pascal, ein andres Mal leuchtete es wieder auf und führte mit goldner Spur weiter in die Himmel, wenn ich bei meiner Geliebten war. Ach, es ist schwer, diese Gottesspur zu finden inmitten dieses Lebens, das wir führen, inmitten dieser so sehr zufriedenen, so sehr bürgerlichen, so sehr geistlosen Zeit, im Anblick dieser Architekturen, dieser Geschäfte, dieser Politik, dieser Menschen! Wie sollte ich nicht ein Steppenwolf und ruppiger Eremit sein inmitten einer Welt, von deren Zielen ich keines teile, von deren Freuden keine zu mir spricht! Ich kann weder in einem Theater noch in einem Kino lange aushalten, kann kaum eine Zeitung lesen, selten ein modernes Buch, ich kann nicht verstehen, welche Lust und Freude es ist, die die Menschen in den überfüllten Eisenbahnen und Hotels, in den überfüllten Cafés bei schwüler aufdringlicher Musik, in den Bars und Varietés der eleganten Luxusstädte suchen, in den Weltausstellungen, auf den Korsos, in den Vorträgen für Bildungsdurstige, auf den großen Sportplätzen – ich kann all diese Freuden, die mir ja erreichbar wären und um die tausend andre sich mühen und drängen, nicht verstehen, nicht teilen. Und was hingegen mir in meinen seltenen Freudestunden geschieht, was für mich Wonne, Erlebnis, Ekstase und Erhebung ist, das kennt und sucht und liebt die Welt höchstens in Dichtungen, im Leben findet sie es verrückt. Und in der Tat, wenn die Welt recht hat, wenn diese Musik in den Cafés, diese Massenvergnügungen, diese amerikanischen, mit so wenigem zufriedenen Menschen recht haben, dann bin ich wirklich der Steppenwolf, den ich mich oft nannte, das in eine ihm fremde und unverständliche Heimat verirrte Tier, das seine Heimat, Luft und Nahrung nicht mehr findet.

Mit diesen gewohnten Gedanken lief ich auf der nassen Straße weiter, durch eins der stillsten und ältesten Quartiere der Stadt. Da stand gegenüber, jenseits der Gasse, in der Finsternis eine alte graue Steinmauer, die ich immer gern sah, sie stand immer so alt und unbekümmert da, zwischen einer kleinen Kirche und einem alten Hospital, auf ihrer rauhen Fläche ließ ich bei Tage oft meine Augen ausruhen, es gab wenige so stille, gute, schweigende Flächen in der innern Stadt, wo ja sonst auf jedem halben Quadratmeter ein Geschäft, ein

Advokat, ein Erfinder, ein Arzt, ein Barbier oder Hühneraugenheil-
künstler einem seinen Namen entgegenschrie. Auch jetzt wieder sah
ich die alte Mauer still in ihrem Frieden liegen, und doch war etwas
an ihr verändert, ich sah ein kleines hübsches Portal mit einem
Spitzbogen in der Mitte der Mauer und wurde irr, denn ich wußte
wahrhaftig nicht mehr, ob dies Portal immer dagewesen oder neu
hinzugekommen war. Alt sah es ohne Zweifel aus, uralt; vermutlich
hatte die kleine geschlossene Pforte mit ihrer dunklen Holztür schon
vor Jahrhunderten in irgendeinen verschlafenen Klosterhof geführt
und tat es heute noch, wenn auch das Kloster nicht mehr stand, und
wahrscheinlich hatte ich das Tor hundertmal gesehen und bloß nie
beachtet, vielleicht war es frisch bemalt und fiel mir darum auf.
Immerhin blieb ich sehen und blickte aufmerksam hinüber, ohne
doch hinüber zu gehen, die Straße dazwischen war gar so bodenlos
erweicht und naß; ich blieb auf dem Trottoir und schaute bloß hinüber, es war alles schon sehr nächtig, und mir schien, um die Pforte
sei ein Kranz oder sonst was Buntes geflochten. Und jetzt, wo ich
mir Mühe gab, genauer zu sehen, sah ich über dem Portal ein helles
Schild, auf dem stand, so schien mir, irgend etwas geschrieben. Ich
strengte die Augen an, und schließlich ging ich trotz Schmutz und
Pfützen hinüber. Da sah ich über dem Portal auf dem alten Graugrün
der Mauer einen Fleck matt beschienen, und über den Fleck liefen
bewegliche bunte Buchstaben und verschwanden alsbald wieder,
kamen wieder und verflogen. Nun haben sie, dachte ich, richtig auch
diese alte gute Mauer zu einer Lichtreklame mißbraucht! Indessen
entzifferte ich einige der flüchtig erscheinenden Worte, sie waren
schwer zu lesen und mußten halb erraten werden, die Buchstaben
kamen mit ungleichen Zwischenräumen, so blaß und hinfällig, und
erloschen so rasch. Der Mann, der damit sein Geschäft machen
wollte, war nicht tüchtig, er war ein Steppenwolf, armer Kerl; warum

ließ er seine Buchstaben hier auf dieser Mauer im finstersten Gäßchen der Altstadt spielen, zu dieser Tageszeit, bei Regenwetter, wo niemand hier unterwegs war, und warum waren sie so flüchtig, so hingeweht, so launisch und unleserlich? Aber halt, jetzt gelang es mir, hintereinander konnte ich mehrere Worte erhaschen, die hießen:

Magisches Theater
Eintritt nicht für jedermann
– nicht für jedermann

Ich versuchte die Pforte zu öffnen, die schwere alte Klinke bewegte sich auf keinen Druck. Das Buchstabenspiel war zu Ende, plötzlich hatte es aufgehört, traurig, seiner Vergeblichkeit inne geworden.
Ich trat einige Schritte zurück, trat tief in den Schmutz, es kamen keine Buchstaben mehr, das Spiel war erloschen, lange blieb ich im Schmutz stehen und wartete, vergebens.
Da, als ich es aufgab und schon auf den Bürgersteig zurückgekehrt war, tropften vor mir her ein paar farbige Lichtbuchstaben über den spiegelnden Asphalt.
Ich las:

Nur – – für – – Ver – – rückte!

Franz Kafka

Kleine Fabel

„Ach", sagte die Maus, „die Welt wird enger mit jedem Tag.
Zuerst war sie so breit, daß ich Angst hatte, ich lief weiter und war
glücklich, daß ich endlich rechts und links in der Ferne Mauern sah,
aber diese langen Mauern eilen so schnell aufeinander zu, daß ich
schon im letzten Zimmer bin, und dort im Winkel steht die Falle,
in die ich laufe." – „Du mußt nur die Laufrichtung ändern", sagte
die Katze und fraß sie.

Franz Kafka

Heimkehr

Ich bin zurückgekehrt, ich habe den Flur durchschritten und blicke mich um. Es ist meines Vaters alter Hof. Die Pfütze in der Mitte. Altes, unbrauchbares Gerät, ineinandergefahren, verstellt den Weg zur Bodentreppe. Die Katze lauert auf dem Geländer. Ein zerrissenes Tuch, einmal im Spiel um eine Stange gewunden, hebt sich im Wind. Ich bin angekommen. Wer wird mich empfangen? Wer wartet hinter der Tür der Küche? Rauch kommt aus dem Schornstein, der Kaffee zum Abendessen wird gekocht. Ist dir heimlich, fühlst du dich zu Hause? Ich weiß es nicht, ich bin sehr unsicher. Meines Vaters Haus ist es, aber kalt steht Stück neben Stück, als wäre jedes mit seinen eigenen Angelegenheiten beschäftigt, die ich teils vergessen habe, teil niemals kannte. Was kann ich ihnen nützen, was bin ich ihnen und sei ich auch des Vaters, des alten Landwirts Sohn. Und ich wage nicht, an der Küchentür zu klopfen, nur von der Ferne horche ich, nur von der Ferne horche ich stehend, nicht so, daß ich als Horcher überrascht werden könnte. Und weil ich von der Ferne horche, erhorche ich nichts, nur einen leichten Uhrenschlag höre ich oder glaube ihn vielleicht nur zu hören, herüber aus den Kindertagen. Was sonst in der Küche geschieht, ist das Geheimnis der dort Sitzenden, das sie vor mir wahren. Je länger man vor der Tür zögert, desto fremder wird man. Wie wäre es, wenn jetzt jemand die Tür öffnete und mich etwas fragte? Wäre ich dann nicht selbst wie einer, der sein Geheimnis wahren will?

Joachim Ringelnatz

Arm Kräutchen

Ein Sauerampfer auf dem Damm
Stand zwischen Bahngeleisen,
Machte vor jedem D-Zug stramm,
Sah viele Menschen reisen

Und stand verstaubt und schluckte Qualm,
Schwindsüchtig und verloren,
Ein armes Kraut, ein schwacher Halm,
Mit Augen, Herz und Ohren.

Sah Züge schwinden, Züge nahn.
Der arme Sauerampfer
Sah Eisenbahn um Eisenbahn,
Sah niemals einen Dampfer.

JOACHIM RINGELNATZ

Die Schnupftabaksdose

Es war eine Schnupftabaksdose
Die hatte Friedrich der Große
Sich selbst geschnitzelt aus Nußbaumholz
Und darauf war sie natürlich stolz.

Da kam ein Holzwurm gekrochen.
Der hatte Nußbaum gerochen.
Die Dose erzählte ihm lang und breit
Von Friedrich dem Großen und seiner Zeit.

Sie nannte den alten Fritz generös,
Da aber wurde der Holzwurm nervös
Und sagte, indem er zu bohren begann:
„Was geht mich Friedrich der Große an!"

173

KURT TUCHOLSKY

An das Publikum

O hochverehrtes Publikum,
sag mal: bist du wirklich so dumm,
wie uns das an allen Tagen
alle Unternehmer sagen?
Jeder Direktor mit dickem Popo
spricht: „Das Publikum will es so!"
Jeder Filmfritze sagt: „Was soll ich machen?
Das Publikum wünscht diese zuckrigen Sachen!"
Jeder Verleger zuckt die Achseln und spricht:
„Gute Bücher gehn eben nicht!"
    Sag mal, verehrtes Publikum:
    bist du wirklich so dumm?

So dumm, daß in Zeitungen, früh und spät,
immer weniger zu lesen steht?
Aus lauter Furcht, du könntest verletzt sein;
aus lauter Angst, es soll niemand verhetzt sein;
aus lauter Besorgnis, Müller und Cohn
könnten mit Abbestellung drohn?
Aus Bangigkeit, es käme am Ende
einer der zahllosen Reichsverbände
und protestierte und denunzierte
und demonstrierte und prozessierte …
    Sag mal, verehrtes Publikum:
    bist du wirklich so dumm?

Ja dann …

        Es lastet auf dieser Zeit
der Fluch der Mittelmäßigkeit.
Hast du so einen schwachen Magen?
Kannst du keine Wahrheit vertragen?
Bist also nur ein Grießbrei-Fresser –?
Ja dann …
   Ja, dann verdienst dus nicht besser.

EUGEN ROTH

Billige Reise

Ein Mensch holt sich für die bezweckte
Fahrt in die Ferien viel Prospekte,
Die, was verdächtig, unentgeltlich
In reichster Auswahl sind erhältlich
Und die in Worten wie in Bildern
Den Reiz jedweder Gegend schildern.
Begeisternd sind die Pensionen,
In denen nette Menschen wohnen.
Ganz herrlich sind die Alpentäler,
Wo preiswert Bett und Mittagsmähler.
Doch würdig reifer Überlegung
Ist auch am Meere die Verpflegung.
Es fragt sich nur ob Ost-, ob Nord-?
Und schließlich wie wär es an Bord?
Nicht zu verachten bei den Schiffen
Der Lockruf: „Alles inbegriffen!"
Der Mensch, an sich nicht leicht entschlossen,
Hat lesend schon genug genossen
Und bleibt, von tausend Bildern satt,
Vergnügt in seiner Heimatstadt.

FRANZ WERFEL

Elternlied

Kinder laufen fort.
Lang her kanns noch gar nicht sein,
Kamen sie zur Tür herein,
Saßen zwistiglich vereint
Alle um den Tisch.

Kinder laufen fort.
Und es ist schon lange her.
Schlechtes Zeugnis kommt nicht mehr.
Stunden Ärgers, Stunden schwer:
Scharlach, Diphtherie!

Kinder laufen fort.
Söhne hangen Weibern an.
Töchter haben ihren Mann.
Briefe kommen, dann und wann,
Nur auf einen Sprung.

Kinder laufen fort.
Etwas nehmen sie doch mit.
Wir sind ärmer, sie sind quitt,
Und die Uhr geht Schritt für Schritt
Um den leeren Tisch.

BERTOLT BRECHT

Fragen eines lesenden Arbeiters

Wer baute das siebentorige Theben?
In den Büchern stehen die Namen von Königen.
Haben die Könige die Felsbrocken herbeigeschleppt?
Und das mehrmals zerstörte Babylon –
Wer baute es so viele Male auf? In welchen Häusern
Des goldstrahlenden Lima wohnten die Bauleute?
Wohin gingen an dem Abend, wo die Chinesische Mauer fertig war
Die Maurer? Das große Rom
Ist voll von Triumphbögen. Wer errichtete sie? Über wen
Triumphierten die Cäsaren? Hatte das vielbesungene Byzanz
Nur Paläste für seine Bewohner? Selbst in dem sagenhaften Atlantis
Brüllten in der Nacht, wo das Meer es verschlang
Die Ersaufenden nach ihren Sklaven.
Der junge Alexander eroberte Indien.
 Er allein?
  Cäsar schlug die Gallier.
    Hatte er nicht wenigstens einen Koch bei sich?
      Philipp von Spanien weinte, als seine Flotte
        Untergegangen war. Weinte sonst niemand?
          Friedrich der Zweite siegte im Siebenjährigen Krieg. Wer
          Siegte außer ihm?
              Jede Seite ein Sieg.
                Wer kochte den Siegesschmaus?
                  Alle zehn Jahre ein großer Mann.
                  Wer bezahlte die Spesen?
                   So viele Berichte.
                   So viele Fragen.

BERTOLT BRECHT

Geschichten vom Herrn Keuner

Das Wiedersehen

Ein Mann, der Herrn K. lange nicht gesehen hatte, begrüßte ihn
mit den Worten: „Sie haben sich gar nicht verändert."
„Oh!" sagte Herr K. und erbleichte.

Gespräche

„Wir können nicht mehr miteinander sprechen", sagte Herr K. zu
einem Manne.
„Warum?" fragte der erschrocken.
„Ich bringe in Ihrer Gegenwart nichts Vernünftiges hervor", beklagte
sich Herr K. „Aber das macht mir doch nichts", tröstete ihn der
andere. –
„Das glaube ich", sagte Herr K. erbittert, „aber mir macht es etwas."

Erich Kästner

Ansprache zum Schulbeginn

Liebe Kinder,
da sitzt ihr nun, alphabetisch oder nach der Größe sortiert, zum
erstenmal auf diesen harten Bänken, und hoffentlich liegt es nur an
der Jahreszeit, wenn ihr mich an braune und blonde, zum Dörren
aufgefädelte Steinpilze erinnert. Statt an Glückspilze, wie sich's
eigentlich gehörte. Manche von euch rutschen unruhig hin und her,
als säßen sie auf Herdplatten. Andre hocken wie angeleimt auf ihren
Plätzen. Einige kichern blöde, und der Rotkopf in der dritten Reihe
starrt, Gänsehaut im Blick, auf die schwarze Wandtafel, als sähe er in
eine sehr düstere Zukunft.
[…]
Hat es den geringsten Sinn, euch auf einen solchen Weg Ratschläge
mitzugeben? Ratschläge noch dazu von einem Manne, der, da half
kein Sträuben, genau so ‚nach Büchse' schmeckt wie andre Leute
auch? Laßt es ihn immerhin versuchen, und haltet ihm zugute, daß er
nie vergessen hat, noch je vergessen wird, wie eigen ihm zumute war,
als er selber zum erstenmal in der Schule saß. In jenem grauen, viel
zu groß geratenen Ankersteinbaukasten. Und wie es ihm damals das
Herz abdrückte. Damit wären wir schon beim wichtigsten Rat angelangt, den ihr euch einprägen und einhämmern solltet wie den Spruch
einer uralten Gedenktafel:
Laßt euch die Kindheit nicht austreiben! Schaut, die meisten
Menschen legen ihre Kindheit ab wie einen alten Hut. Sie vergessen
sie wie eine Telefonnummer, die nicht mehr gilt. Ihr Leben kommt
ihnen vor wie eine Dauerwurst, die sie allmählich aufessen, und was

gegessen worden ist, existiert nicht mehr. Man nötigt euch in der Schule eifrig von der Unter- über die Mittel- zur Oberstufe. Wenn ihr schließlich drobensteht und balanciert, sägt man die „überflüssig" gewordenen Stufen hinter euch ab, und nun könnt ihr nicht mehr zurück! Aber müßte man nicht in seinem Leben wie in einem Hause treppauf und treppab gehen können? Was soll die schönste erste Etage ohne den Keller mit den duftenden Obstborten und ohne das Erdgeschoß mit der knarrenden Haustür und der scheppernden Klingel? Nun – die meisten leben so! Sie stehen auf der obersten Stufe, ohne Treppe und ohne Haus, und machen sich wichtig. Früher waren sie Kinder, dann wurden sie Erwachsene, aber was sind sie nun? Nur wer erwachsen wird und ein Kind bleibt, ist ein Mensch! Wer weiß, ob ihr mich verstanden habt. Die einfachen Dinge sind so schwer begreiflich zu machen! Also gut, nehmen wir etwas Schwieriges, womöglich begreift es sich leichter. Zum Beispiel: *Haltet das Katheder weder für einen Thron, noch für eine Kanzel!* Der Lehrer sitzt nicht etwa deshalb höher, damit ihr ihn anbetet, sondern damit ihr einander besser sehen könnt. Der Lehrer ist kein Schul-webel und kein lieber Gott.

Er weiß nicht alles, und er kann nicht alles wissen. Wenn er trotzdem allwissend tut, so seht es ihm nach, aber glaubt es ihm nicht! Gibt er hingegen zu, daß er nicht alles weiß, dann liebt ihn! Denn dann verdient er eure Liebe. Und da er im übrigen nicht eben viel verdient, wird er sich über eure Zuneigung von Herzen freuen. Und noch eines: Der Lehrer ist kein Zauberkünstler, sondern ein Gärtner. Er kann und wird euch hegen und pflegen. Wachsen müßt ihr selber!

Nehmt auf diejenigen Rücksicht, die auf euch Rücksicht nehmen! Das klingt selbstverständlicher, als es ist. Und zuweilen ist es furchtbar schwer. In meine Klasse ging ein Junge, dessen Vater ein Fischgeschäft hatte. Der arme Kerl, Breuer hieß er, stank so sehr nach Fisch, daß uns anderen schon übel wurde, wenn er um die Ecke bog. Der Fischgeruch hing in seinen Haaren und Kleidern, da half kein Waschen und Bürsten. Alles rückte von ihm weg. Es war nicht seine Schuld. Aber er saß, gehänselt und gemieden, ganz für sich allein, als habe er die Beulenpest. Er schämte sich in Grund und Boden, doch auch das half nichts. Noch heute, fünfundvierzig Jahre danach, wird mir flau, wenn ich den Namen Breuer höre. So schwer ist es manchmal, Rücksicht zu nehmen. Und es gelingt nicht immer. Doch man muß es stets von neuem versuchen.

Seid nicht zu fleißig! Bei diesem Ratschlag müssen die Faulen weghören. Es gilt nur für die Fleißigen, aber für sie ist er sehr wichtig. Das Leben besteht nicht nur aus Schularbeiten. Der Mensch soll lernen, nur die Ochsen büffeln. Ich spreche aus Erfahrung. Ich war als kleiner Junge auf dem besten Wege, ein Ochse zu werden. Daß ich's, trotz aller Bemühung, nicht geworden bin, wundert mich heute noch. Der Kopf ist nicht der einzige Körperteil. Wer das Gegenteil behauptet, lügt. Und wer die Lüge glaubt, wird, nachdem er alle Prüfungen mit Hochglanz bestanden hat, nicht sehr schön aussehen. Man muß nämlich auch springen, turnen, tanzen und singen können, sonst ist man, mit seinem Wasserkopf voller Wissen, ein Krüppel und nichts weiter.

Lacht die Dummen nicht aus! Sie sind nicht aus freien Stücken dumm und nicht zu eurem Vergnügen. Und prügelt keinen, der kleiner und schwächer ist als ihr! Wem das ohne nähere Erklärung nicht einleuchtet, mit dem möchte ich nichts zu tun haben. Nur ein wenig warnen will ich ihn. Niemand ist so gescheit oder so stark, daß es nicht noch Gescheitere und Stärkere als ihn gäbe. Er mag sich hüten. Auch er ist, vergleichsweise, schwach und ein rechter Dummkopf.

Mißtraut gelegentlich euren Schulbüchern! Sie sind nicht auf dem Berge Sinai entstanden, meistens nicht einmal auf verständige Art und Weise, sondern aus alten Schulbüchern, die aus alten Schulbüchern entstanden sind, die aus alten Schulbüchern entstanden sind, die aus alten Schulbüchern entstanden sind. Man nennt das Tradition. Aber es ist ganz etwas anderes.

ERICH KÄSTNER

Die Entwicklung der Menschheit

Einst haben die Kerls auf den Bäumen gehockt,
behaart und mit böser Visage.
Dann hat man sie aus dem Urwald gelockt
und die Welt asphaltiert und aufgestockt
bis zur dreißigsten Etage.

Da saßen sie nun, den Flöhen entflohn,
in zentralgeheizten Räumen.
Da sitzen sie nun am Telefon.
Und es herrscht noch genau derselbe Ton
wie seinerzeit auf den Bäumen.

Sie hören weit. Sie sehen fern.
Sie sind mit dem Weltall in Fühlung.
Sie putzen die Zähne. Sie atmen modern.
Die Erde ist ein gebildeter Stern
mit sehr viel Wasserspülung.

Sie schießen die Briefschaften durch ein Rohr.
Sie jagen und züchten Mikroben.
Sie versehen die Natur mit allem Komfort.
Sie fliegen steil in den Himmel empor
und bleiben zwei Wochen oben.

Was ihre Verdauung übrig läßt,
das verarbeiten sie zu Watte.
Sie spalten Atome. Sie heilen Inzest.
Sie stellen durch Stiluntersuchungen fest,
daß Cäsar Plattfüße hatte.

So haben sie mit dem Kopf und dem Mund
den Fortschritt der Menschheit geschaffen.
Doch davon mal abgesehen und
bei Lichte betrachtet sind sie im Grund
noch immer die alten Affen.

Ein ruhiges Haus

Ein ruhiges Haus, sagen Sie? Ja, jetzt ist es
ein ruhiges Haus. Aber noch vor kurzem war es die
Hölle. Über uns und unter uns Familien mit kleinen
Kindern, stellen Sie sich das vor. Das Geheul und
Geschrei, die Streitereien, das Trampeln und Scharren
der kleinen zornigen Füße. Zuerst haben wir nur den
Besenstiel gegen den Fußboden und gegen die Decke
gestoßen. Als das nichts half, hat mein Mann telefoniert.
Ja, entschuldigen Sie, haben die Eltern gesagt, die Kleine
zahnt, oder die Zwillinge lernen gerade laufen. Natürlich
haben wir uns mit solchen Ausreden nicht zufriedengegeben.
Mein Mann hat sich beim Hauswirt beschwert, jede Woche einmal,
dann war das Maß voll. Der Hauswirt hat den Leuten oben und
den Leuten unten Briefe geschrieben und ihnen mit der fristlosen
Kündigung gedroht. Danach ist es gleich besser geworden. Die
Wohnungen hier sind nicht allzu teuer und diese jungen Ehepaare
haben gar nicht das Geld, umzuziehen. Wie sie die Kinder zum
Schweigen gebracht haben? Ja, genau weiß ich das nicht. Ich glaube,
sie binden sie jetzt an den Bettpfosten fest, daß sie nur kriechen
können. Das macht weniger Lärm. Wahrscheinlich bekommen sie
starke Beruhigungsmittel. Sie schreien und juchzen nicht mehr,
sondern plappern nur noch vor sich hin, ganz leise, wie im Schlaf.
Jetzt grüßen wir die Eltern wieder, wenn wir ihnen auf der Treppe
begegnen. Wie geht es den Kindern, fragen wir sogar. Gut, sagen die
Eltern. Warum sie dabei Tränen in den Augen haben, weiß ich nicht.

MARIE LUISE KASCHNITZ

Das letzte Buch

Das Kind kam heute spät aus der Schule heim. Wir waren im Museum, sagte es. Wir haben das letzte Buch gesehen. Unwillkürlich blickte ich auf die lange Wand unseres Wohnzimmers, die früher einmal mehrere Regale voller Bücher verdeckt haben, die aber jetzt leer ist und weiß getüncht, damit das neue plastische Fernsehen darauf erscheinen kann. Ja und, sagte ich erschrocken, was war das für ein Buch? Eben ein Buch, sagte das Kind. Es hat einen Deckel und einen Rücken und Seiten, die man umblättern kann. Und was war darin gedruckt, fragte ich. Das kann ich doch nicht wissen, sagte das Kind. Wir durften es nicht anfassen. Es liegt unter Glas. Schade, sagte ich. Aber das Kind war schon weggesprungen, um an den Knöpfen des Fernsehapparates zu drehen. Die große weiße Wand fing an sich zu beleben, sie zeigte eine Herde von Elefanten, die im Dschungel eine Furt durchquerten. Der trübe Fluß schmatzte, die eingeborenen Treiber schrien. Das Kind hockte auf dem Teppich und sah die riesigen Tiere mit Entzücken an. Was kann da schon drinstehen, murmelte es, in so einem Buch.

ÖDÖN VON HORVATH

Legende vom Fußballplatz

Es war einmal ein armer kleiner Bub, der war kaum sieben Jahre alt, aber schon loderte in ihm eine Leidenschaft: er liebte den Fußball über alles.

Bei jedem Wettspiel mußte er dabei gewesen sein: ob Liberia gegen Haidhausen, ob Beludschistan gegen Neukölln – immer lag er hinter einem der Tore im Grase (meistens bereits lange vor Beginn) und verfolgte mit aufgerissenen runden Kinderaugen den mehr oder minder spannenden Kampf. Und wenn ein Spieler grob rempelte, ballten sich seine Händchen erregt zu Fäusten und mit gerunzelter Stirn fixierte er finster den Übeltäter. Doch wenn dann vielleicht gar gleich darauf des Schicksals Laune (quasi als Racheakt) ein Goal schoß, so tanzte er begeistert und suchte strahlend all den Anderen, die um ihn herum applaudierten, ins Antlitz zu schauen. Diese Anderen, die neben ihm lagen, waren ja meistens schon um ein oder zwei Jahre älter und andächtig horchte er, wenn sie sich in den ungeheuerlichsten hochdeutschen Fachausdrücken, die sie weiß Gott wo zusammengehört hatten, über die einzelnen Spieler und Clubs ergingen; ergriffen lauschte er trüben Weissagungen, bis ihn wieder ein wunderbar vollendet geköpfter Ball mit sich riß, daß sein Herz noch höher flog als der Ball.

So saß er oft im nassen Grase. Stundenlang.

Der Novemberwind schmiegte sich an seinen schmalen Rücken, als wollt er sich wärmen und hoch über dem Spielplatz zog die Fieberhexe ihre Raubvogelkreise.

Und als der Schlußpfiff verklungen war, da dämmerte es bereits;

der kleine Bub lief noch einmal quer über das Feld und ging dann allein nach Hause. In den leeren Sonntagsstraßen war es ihm einigemale als hörte er Schritte hinter sich: als schliche ihm jemand nach, der spionieren wolle, wo er wohne. Doch er wagte nicht umzuschauen und beneidete den Schutzmann, der solch große Schritte machen konnte. Erst zuhause, vor dem hohen grauen Gebäude, in dem seine Eltern den Gemüseladen hatten, sah er sich endlich um: ob es vielleicht der dicke Karl ist mit dem er die Schulbank teilt und der ihn nie in Ruhe läßt – aber es war nur ein dürres Blatt, das sich mühsam die Straße dahinschleppte und sich einen Winkel suchte zum Sterben.

Und am Abend in seinem Bette fror er trotz tiefroter Backen; und dann hustete er auch und es hob in vornüber, als haute ihm der dicke Karl mit der Faust in den Rücken.

Nur wie durch einen Schleier sah er seiner Mutter Antlitz, die am Bettrande saß und ihn besorgt betrachtete; und er hörte auch Schritte im Zimmer, langsame, hin und her: das war Vater.

Der Nordwind hockte im Ofenrohr und zu seinem Gesumm fingen Regenbogen an einen Reigen um ihn zu tanzen. Er schloß die Augen. Da wurd es dunkel. Und still.

Doch nach Mitternacht wich plötzlich der Schlaf und feine Finger-knöchelchen klopften von außen an die Fensterscheibe – und er hörte seinen Namen rufen – „Hansl!" rief eine sanfte Stimme – „Hansl!" Da erhob sich der kleine Bub aus seinem Bette, trug einen Stuhl vor das Fenster, erkletterte ihn und öffnete –: draußen war tiefe stille Nacht; keine Trambahn läutete mehr und auch die Gaslaterne an der Ecke war schlafen gegangen und – vor seinem Fenster im vierten Stock schwebte ein heller Engel; der ähnelte jenem, welcher Großvaters Gebetbuch als Spange umschloß, nur, daß er farbige Flügel hatte: der linke blau und gelb: das waren die Farben des Fußballvereins von

Oberhaching; der rechte rosa und grün: das waren die Farben dessen von Unterhaching; seine schmalen Füße staken in purpurnen Fußballschuhen, an silberner Sternenschnur hing um seinen Schwanenhals eine goldene Schiedsrichterpfeife und in den durchsichtigen Händen wiegte sich ein mattweißer Fußball.

„Schau –" sprach der Engel – „schau!" und köpfte den Ball kerzengerade in die Höhe; der flog, flog – bis er weit hinter der Milchstraße verschwand.

Dann reichte der Himmlische dem staunenden Hansl die Hand und lächelte: „Komm mit – zum Fußballwettspiel –"

Und Hansl ging mit.

Wortlos war er auf das Fensterbrett gestiegen und da er des Engels Hand ergriffen, da war es ihm als hätte es nie einen dicken Karl gegeben. Alles war vergessen, versank unter ihm in ewigen Tiefen – und als die beiden an der Milchstraße vorbeischwebten, fragte der kleine Bub: „Ist es noch weit?"

„Nein", lächelte wieder der Engel, „bald sind wir dort." Und weil Engel nie lügen leuchtete bald durch die Finsternis eine weiße rechteckige Fläche, auf die sie zuflogen. Anfangs glaubte Hansl es wäre nur ein Blatt unliniertes Papier, doch kaum, daß er dies gedacht hatte, erfaßte sein Führer auch schon den Rand; nur noch ein Klimmzug – und es war erreicht!

Doch wie erstaunte da der kleine Bub!

Aus dem Blatt unliniertem Papier war eine große Wolke geworden, deren Oberfläche ein einziger herrlich angelegter Fußballplatz war; auf buntbewimpelten Tribünen saßen Zuschauer wie sie in solcher Zahl unser Kleiner noch bei keinem Wettspiel erlebt hatte. Und das ganze Publikum erhob sich zum Gruß und Aller Augen waren voll Güte auf ihn gerichtet, ja selbst der Aufseher, der ihn doch sonst immer sofort hinter das Tor in das nasse Gras trieb, führte ihn unter

fortwährenden Bücklingen auf seinen Platz: Tribüne (!) Erste Reihe (!!)
Mitte (!!!)

„Wie still nur all die Leute sind!" meinte der kleine Bub. „Sehr recht,
mein Herr", lispelte der Aufseher untertänig, „dies sind ja auch all
die seligen Fußballwettspielzuschauer."

Unten am Rand losten die Partien nun um die Sonne-im-Rücken-Seite
und – „das sind die besten der seligen Fußballspieler", hörte Hansl
seinen Nachbarn sagen; und als er ihn ansah nickte ihm dieser freundlich zu: da erkannte er in ihm jenen guten alten Herrn, der ihn einst
(als Borneo gegen Alaska verlor) vor dem dicken Karl verteidigte;
noch hielt er den Rohrstock in der Hand mit dem er dem Raufbold
damals drohte. Wie der dann lief!

Unermeßliche Seligkeit erfüllte des armen kleinen Buben Herz.

Das Spiel hatte begonnen um nimmermehr beendet zu werden und
die Zweiundzwanzig spielten wie er noch nie spielen sah. Manchmal
kam es zwar vor, daß der eine oder andere dem Balle einfach nach-
flog (es waren ja auch lauter Engel), doch da pfiff der Schiedsrichter
(ein Erzengel) sogleich ab: wegen unfairer Kampfesweise.

Das Wetter war herrlich. Etwas Sonne und Wind. Ein richtiges
Fußballwetter.

Seit dieser Zeit hat niemand mehr den armen kleinen Buben auf
einem irdischen Fußballplatz gesehen.

ROSE AUSLÄNDER

Langweile

Langweile
was ist das

Du siehst
Menschen
Bäume Himmel
hörst Worte Lieder
du bewunderst
ein Bild ein Gedicht
erkennst
daß alles sich bewegt
und du bewegt wirst
ein Fünkchen Leben
aus der Lebensflamme

Wie
kann es
langweilig sein

MASCHA KALEKO

Kinder reicher Leute

Sie wissen nichts von Schmutz und Wohnungsnot,
Von Stempelngehn und Armeleuteküchen.
Sie ahnen nichts von Hinterhausgerüchen,
Von Hungerlöhnen und von Trockenbrot.

Sie wohnen meist im herrschaftlichen Haus,
Zuweilen auch in eleganten Villen.
Sie kommen nie in Kneipen und Destillen,
Und gehen stets nur mit dem Fräulein aus.

Sie rechnen sich schon jetzt zur Hautevolée
Und zählen Armut zu den größten Sünden.
– Nicht mal ein Auto …? Nein, wie sie das finden!
Ihr Hochmut wächst mit Pappis Portemonnaie.

Sie kommen meist mit Abitur zur Welt,
– Zumindest aber schon mit Referenzen –
Und ziehn darauf die letzten Konsequenzen:
Wir sind die Herren, denn unser ist das Geld.

Mit vierzehn finden sie, der Armen Los
Sei zwar nicht gut. Doch werde übertrieben – –
Mit vierzehn schon! – Wenn sie noch vierzehn blieben.
Jedoch die Kinder werden einmal groß …

MASCHA KALEKO

Onkel Fritz

Onkel Fritz hält nichts vom Sparen.
Dabei wünscht er sich seit Jahren,
In die weite Welt zu fahren.

Reisen in die weite Welt
Kosten aber schönes Geld.
Doch statt Geld hat Onkel Schulden.
Darum muß er schweigend dulden.

Meistens duldet er recht leise.
Doch zur Zeit der Ferienreise
Duldet er zuweilen laut.

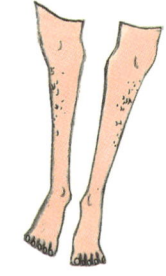

„… Fahren andre nach Italien",
Sagt er, „oder nach Australien,
Fahr' ich höchstens aus der Haut!"

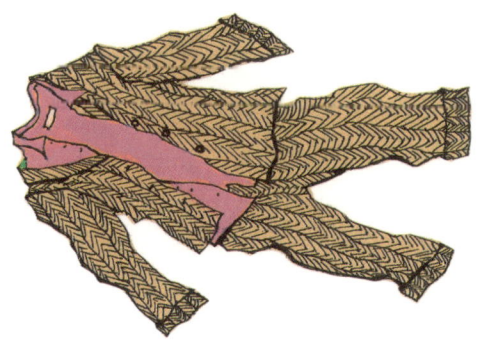

MAX FRISCH

Der andorranische Jude

In Andorra lebte ein junger Mann, den man für einen Juden hielt. Zu erzählen wäre die vermeintliche Geschichte seiner Herkunft, sein täglicher Umgang mit den Andorranern, die in ihm den Juden sehen: das fertige Bildnis, das ihn überall erwartet. Beispielsweise ihr Mißtrauen gegenüber seinem Gemüt, das ein Jude, wie auch die Andorraner wissen, nicht haben kann. Er wird auf die Schärfe seines Intellektes verwiesen, der sich eben dadurch schärft, notgedrungen. Oder sein Verhältnis zum Geld, das in Andorra auch eine große Rolle spielt: er wußte, er spürte, was alle wortlos dachten; er prüfte sich, bis er entdeckte, daß es stimmte, es war so, in der Tat, er dachte stets an das Geld. Er gestand es; er stand dazu, und die Andorraner blickten sich an, wortlos, fast ohne ein Zucken der Mundwinkel. Auch in Dingen des Vaterlandes wußte er genau, was sie dachten; sooft er das Wort in den Mund genommen, ließen sie es liegen wie eine Münze, die in den Schmutz gefallen ist. Denn der Jude, auch das wußten die Andorraner, hat Vaterländer, die er wählt, die er kauft, aber nicht ein Vaterland wie wir, nicht ein zugeborenes, und wie wohl er es meinte, wenn es um andorranische Belange ging, er redete in ein Schweigen hinein, wie in Watte. Später begriff er, daß es ihm offenbar an Takt fehlte, ja, man sagte es ihm einmal rundheraus, als er, verzagt über ihr Verhalten, geradezu leidenschaftlich wurde. Das Vaterland gehörte den andern, ein für allemal, und daß er es lieben könnte, wurde von ihm nicht erwartet, im Gegenteil, seine beharrlichen Versuche und Werbungen öffneten nur eine Kluft des Verdachtes; er buhle um eine Gunst, um einen Vorteil, um eine Anbiederung, die

man als Mittel zum Zweck empfand auch dann, wenn man selber
keinen möglichen Zwecke erkannte. So wiederum ging es, bis er
eines Tages entdeckte, mit seinem rastlosen und alles zergliedernden
Scharfsinn entdeckte, daß er das Vaterland nicht wirklich liebte,
schon das bloße Wort nicht, das jedesmal, wenn er es brauchte,
ins Peinliche führte. Offenbar hatten sie recht. Offenbar konnte er
überhaupt nicht lieben, nicht im andorranischen Sinn; er hatte die
Hitze der Leidenschaft, gewiß, dazu die Kälte seines Verstandes,
und diesen empfand man als eine immer bereite Geheimwaffe seiner
Rachsucht; es fehlte ihm das Gemüt, das Verbindende; es fehlte ihm,
und das war unverkennbar, die Wärme des Vertrauens. Der Umgang
mit ihm war anregend, ja, aber nicht angenehm, nicht gemütlich. Es
gelang ihm nicht, zu sein wie alle andern, und nachdem er es umsonst
versucht hatte, nicht aufzufallen, trug er sein Anderssein sogar mit
einer Art von Trotz, von Stolz und lauernder Feindschaft dahinter,
die er, da sie ihm selber nicht gemütlich war, hinwiederum mit einer
geschäftigen Höflichkeit überzuckerte; noch wenn er sich verbeugte,
war es eine Art von Vorwurf, als wäre die Umwelt daran schuld,
daß er ein Jude ist –
Die meisten Andorraner taten ihm nichts.
Also auch nichts Gutes.
Auf der anderen Seite gab es auch Andorraner eines freieren und
fortschrittlicheren Geistes, wie sie es nannten, eines Geistes, der sich
der Menschlichkeit verpflichtet fühlte: sie achteten den Juden, wie sie
betonten, gerade um seiner jüdischen Eigenschaften willen, Schärfe
des Verstandes und so weiter. Sie standen zu ihm bis zu seinem Tode,
der grausam gewesen ist, so grausam und ekelhaft, daß sich auch
jene Andorraner entsetzten, die es nicht berührt hatte, daß schon
das ganze Leben grausam war. Das heißt, sie beklagten ihn eigentlich
nicht, oder ganz offen gesprochen: sie vermißten ihn nicht – sie

empörten sich nur über jene, die ihn getötet hatten, und über die Art, wie das geschehen war, vor allem die Art.

Man redete lange davon.

Bis es sich eines Tages zeigte, was er selber nicht hat wissen können, der Verstorbene: daß er ein Findelkind gewesen, dessen Eltern man später entdeckt hat, ein Andorraner wie unsereiner –

Man redete nicht mehr davon.

Die Andorraner aber, sooft sie in den Spiegel blickten, sahen mit Entsetzen, daß sie selber die Züge des Judas tragen, jeder von ihnen.

Peter Weiss

Abschied von den Eltern

Ich kam mit dem Schulzeugnis nach Hause, in dem ein schrecklicher
Satz zu lesen war, ein Satz, vor dem mein ganzes Dasein zerbrechen
wollte. Ich ging mit diesem Satz große Umwege, wagte mich nicht
mit ihm nach Hause, sah immer wieder nach, ob er nicht plötzlich
verschwunden war, doch er stand immer da, klar und deutlich.
Als ich schließlich doch nach Hause kam, weil ich nicht die Kühnheit
hatte, mich als Schiffsjunge nach Amerika anheuern zu lassen, saß
bei meinen Eltern Fritz W. „Was machst du denn für ein betrübtes
Gesicht", rief er mir zu. „Ist es ein schlechtes Zeugnis", fragte meine
Mutter besorgt, und mein Vater blickte mich an, als sehe er alles
Unheil der Welt hinter mir aufgetürmt. Ich reichte das Zeugnis meiner
Mutter hin, aber Fritz riß es mir aus der Hand und las es schon,
und brach in schallendes Gelächter aus. „Nicht versetzt", rief er,
und schlug sich mit seiner kräftigen Hand auf die Schenkel. „Nicht
versetzt", rief er noch einmal, während meine Eltern abwechselnd ihn
und mich verstört anstarrten, und zog mich zu sich heran und schlug
mir auf die Schultern. „Nicht versetzt, genau wie ich", rief er, „ich
bin viermal sitzengeblieben." Damit war die Todesangst zerstäubt,
alle Gefahr war vergangen. Aus den verwirrten Gesichtern meiner
Eltern konnte sich keine Wut mehr hervorarbeiten, sie konnten
mir nichts mehr vorwerfen, da ja Fritz W., dieser tüchtige und erfolgreiche Mann, alle Schuld von mir genommen hatte und mich dazu
noch besonderer Ehrung für würdig hielt.

Heinrich Böll

Anekdote zur Senkung der Arbeitsmoral

In einem Hafen an einer westlichen Küste Europas liegt ein ärmlich
gekleideter Mann in seinem Fischerboot und döst. Ein schick ange-
zogener Tourist legt eben einen neuen Farbfilm in seinen Fotoapparat,
um das idyllische Bild zu fotografieren: blauer Himmel, grüne See
mit friedlichen schneeweißen Wellenkämmen, schwarzes Boot, rote
Fischermütze. Klick. Noch einmal: klick, und da aller guten Dinge
drei sind und sicher sicher ist, ein drittes Mal: klick. Das spröde, fast
feindselige Geräusch weckt den dösenden Fischer, der sich schläfrig
aufrichtet, schläfrig nach seiner Zigarettenschachtel angelt; aber
bevor er das Gesuchte gefunden, hat ihm der eifrige Tourist schon
eine Schachtel vor die Nase gehalten, ihm die Zigarette nicht gerade
in den Mund gesteckt, aber in die Hand gelegt, und ein viertes Klick,
das des Feuerzeuges, schließt die eilfertige Höflichkeit ab. Durch jenes
kaum meßbare, nie nachweisbare Zuviel an flinker Höflichkeit ist
eine gereizte Verlegenheit entstanden, die der Tourist – der Landes-
sprache mächtig – durch ein Gespräch zu überbrücken versucht.
„Sie werden heute einen guten Fang machen."
Kopfschütteln des Fischers.
„Aber man hat mir gesagt, daß das Wetter günstig ist."
Kopfnicken des Fischers.
„Sie werden also nicht ausfahren?"
Kopfschütteln des Fischers, steigende Nervosität des Touristen.
Gewiß liegt ihm das Wohl des ärmlich gekleideten Menschen am
Herzen, nagt an ihm die Trauer über die verpaßte Gelegenheit.
„Oh, Sie fühlen sich nicht wohl?"

Endlich geht der Fischer von der Zeichensprache zum wahrhaft gesprochenen Wort über. „Ich fühle mich großartig", sagt er. „Ich habe mich nie besser gefühlt." Er steht auf, reckt sich, als wolle er demonstrieren, wie athletisch er gebaut ist. „Ich fühle mich phantastisch."

Der Gesichtsausdruck des Touristen wird immer unglücklicher, er kann die Frage nicht mehr unterdrücken, die ihm sozusagen das Herz zu sprengen droht: „Aber warum fahren Sie dann nicht aus?"

Die Antwort kommt prompt und knapp. „Weil ich heute morgen schon ausgefahren bin."

„War der Fang gut?"

„Er war so gut, daß ich nicht noch einmal auszufahren brauche, ich habe vier Hummer in meinen Körben gehabt, fast zwei Dutzend Makrelen gefangen …"

Der Fischer, endlich erwacht, taut jetzt auf und klopft dem Touristen beruhigend auf die Schultern. Dessen besorgter Gesichtsausdruck scheint ihm als Ausdruck zwar unangebrachter, doch rührender Kümmernis.

„Ich habe sogar für morgen und übermorgen genug", sagt er, um des Fremden Seele zu erleichtern. „Rauchen Sie eine von meinen?"

„Ja, danke."

Zigaretten werden in Münder gesteckt, ein fünftes Klick, der Fremde setzt sich kopfschüttelnd auf den Bootsrand, legt die Kamera aus der Hand, denn er braucht jetzt beide Hände, um seiner Rede Nachdruck zu verleihen.

„Ich will mich ja nicht in Ihre persönlichen Angelegenheiten mischen", sagt er, „aber stellen Sie sich mal vor, Sie führen heute ein zweites, ein drittes, vielleicht sogar ein viertes Mal aus und Sie würden drei, vier, fünf, vielleicht gar zehn Dutzend Makrelen fangen ... stellen Sie sich das mal vor."

Der Fischer nickt.

„Sie würden", fährt der Tourist fort, „nicht nur heute, sondern morgen, übermorgen, ja, an jedem günstigen Tag zwei-, dreimal, vielleicht viermal ausfahren – wissen Sie, was geschehen würde?"

Der Fischer schüttelt den Kopf.

„Sie würden sich in spätestens einem Jahr einen Motor kaufen können, in zwei Jahren ein zweites Boot, in drei oder vier Jahren könnten Sie vielleicht einen kleinen Kutter haben, mit zwei Booten oder dem Kutter würden Sie natürlich viel mehr fangen – eines Tages würden Sie zwei Kutter haben, Sie würden ...", die Begeisterung verschlägt ihm für ein paar Augenblicke die Stimme, „Sie würden ein kleines Kühlhaus bauen, vielleicht eine Räucherei, später eine Marinadenfabrik, mit einem eigenen Hubschrauber rundfliegen, die Fischschwärme ausmachen und Ihren Kuttern per Funk Anweisungen geben. Sie könnten die Lachsrechte erwerben, ein Fischrestaurant eröffnen, den Hummer ohne Zwischenhändler direkt nach Paris exportieren – und dann ...", wieder verschlägt die Begeisterung dem Fremden die Sprache. Kopfschüttelnd, im tiefsten Herzen betrübt, seiner Urlaubsfreude schon fast verlustig, blickt er auf die friedlich hereinrollende Flut, in der die ungefangenen Fische munter springen.

„Und dann", sagt er, aber wieder verschlägt ihm die Erregung die
Sprache.

Der Fischer klopft ihm auf den Rücken, wie einem Kind, das sich
verschluckt hat. „Was dann?" fragt er leise.

„Dann", sagt der Fremde mit stiller Begeisterung, „dann könnten
Sie beruhigt hier im Hafen sitzen, in der Sonne dösen – und auf das
herrliche Meer blicken."

„Aber das tu ich ja schon jetzt", sagt der Fischer, „ich sitze beruhigt
am Hafen, nur Ihr Klicken hat mich dabei gestört."

Tatsächlich zog der solcherlei belehrte Tourist nachdenklich von
dannen, denn früher hatte er auch einmal geglaubt, er arbeite, um
eines Tages einmal nicht mehr arbeiten zu müssen, und es blieb keine
Spur von Mitleid mit dem ärmlich gekleideten Fischer in ihm zurück,
nur ein wenig Neid.

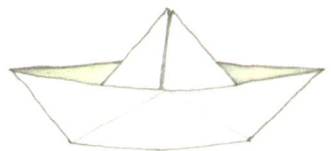

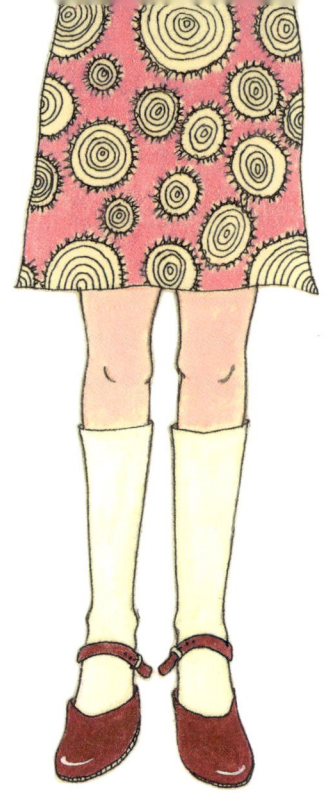

Ernst Jandl

lichtung

manche meinen
lechts und rinks
kann man nicht
velwechsern.
werch ein illtum!

ERNST JANDL

ottos mops

ottos mops trotzt
otto: fort mops fort
ottos mops hopst fort
otto: soso

otto holt koks
otto holt obst
otto horcht
otto: mops mops
otto hofft

ottos mops kopft
otto: komm mops komm
ottos mops kommt
ottos mops kotzt
otto: ogottogott

ERICH FRIED

Humorlos

Die Jungen
werfen
zum Spaß
mit Steinen
nach Fröschen.

Die Frösche
sterben
im Ernst.

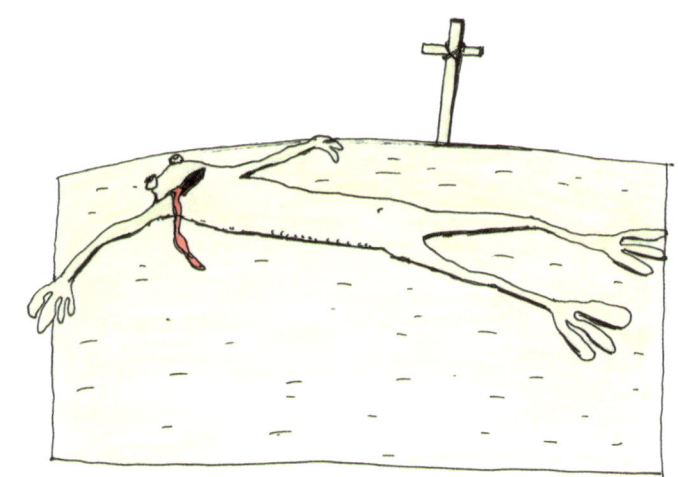

Angst und Zweifel

Zweifel nicht
an dem
der dir sagt
er hat Angst

aber hab Angst
vor dem
der dir sagt
er kennt keinen Zweifel

Das Brot

Plötzlich wachte sie auf. Es war halb drei. Sie überlegte, warum sie
aufgewacht war. Ach so! In der Küche hatte jemand gegen einen
Stuhl gestoßen. Sie horchte nach der Küche. Es war still. Es war zu
still und als sie mit der Hand über das Bett neben sich fuhr, fand sie
es leer. Das war es, was es so besonders still gemacht hatte: sein Atem
fehlte. Sie stand auf und tappte durch die dunkle Wohnung zur
Küche. In der Küche trafen sie sich. Die Uhr war halb drei. Sie sah
etwas Weißes am Kühlschrank stehen. Sie machte Licht. Sie standen
sich im Hemd gegenüber. Nachts. Um halb drei. In der Küche.
Auf dem Küchentisch stand der Brotteller. Sie sah, daß er sich Brot
abgeschnitten hatte. Das Messer lag noch neben dem Teller. Und
auf der Decke lagen Brotkrümel. Wenn sie abends zu Bett gingen,
machte sie immer das Tischtuch sauber. Jeden Abend. Aber nun
lagen Krümel auf dem Tuch. Und das Messer lag da. Sie fühlte, wie
die Kälte der Fliesen langsam an ihr hochkroch. Und sie sah von
dem Teller weg.
„Ich dachte, hier wär was“, sagte er und sah in der Küche umher.
„Ich hab auch was gehört“, antwortete sie und dabei fand sie, daß er
nachts im Hemd doch schon recht alt aussah. So alt wie er war.
Dreiundsechzig. Tagsüber sah er manchmal jünger aus. Sie sieht doch
schon alt aus, dachte er, im Hemd sieht sie doch ziemlich alt aus.
Aber das liegt vielleicht an den Haaren. Bei den Frauen liegt das
nachts immer an den Haaren. Die machen dann auf einmal so alt.
„Du hättest Schuhe anziehen sollen. So barfuß auf den kalten Fliesen.
Du erkältest dich noch.“

Sie sah ihn nicht an, weil sie nicht ertragen konnte,
daß er log. Daß er log, nachdem sie neununddreißig
Jahre verheiratet waren.

„Ich dachte, hier wäre was", sagte er noch einmal
und sah wieder so sinnlos von einer Ecke in die andere,
„ich hörte hier was. Da dachte ich, hier wäre was."

„Ich hab auch was gehört. Aber es war wohl nichts."
Sie stellte den Teller vom Tisch und schnippte die
Krümel von der Decke.

„Nein, es war wohl nichts", echote er unsicher.
Sie kam ihm zu Hilfe: „Komm man. Das war
wohl draußen. Komm man zu Bett. Du erkältest
dich noch. Auf den kalten Fliesen."

Er sah zum Fenster hin. „Ja, das muß
wohl draußen gewesen sein.
Ich dachte, es wäre hier."

Sie hob die Hand zum Lichtschalter.
Ich muß das Licht jetzt ausmachen,
sonst muß ich nach dem Teller
sehen, dachte sie. Ich darf doch
nicht nach dem Teller sehen.

„Komm man", sagte sie
und machte das Licht aus,
„das war wohl draußen.
Die Dachrinne schlägt
immer bei Wind gegen
die Wand. Es war sicher
die Dachrinne. Bei Wind
klappert sie immer."

Sie tappten sich beide über

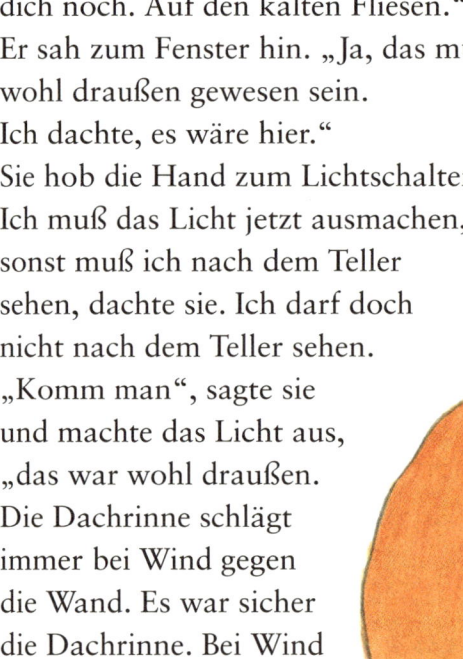

208

den dunklen Korridor zum Schlafzimmer. Ihre nackten Füße platsch-
ten auf den Fußboden.

„Wind ist ja", meinte er. „Wind war schon die ganze Nacht."

Als sie im Bett lagen, sagte sie: „Ja, Wind war schon die ganze Nacht.
Es war wohl die Dachrinne."

„Ja, ich dachte, es wäre in der Küche. Es war wohl die Dachrinne."
Er sagte das, als ob er schon halb im Schlaf wäre.

Aber sie merkte, wie unecht seine Stimme klang, wenn er log.

„Es ist kalt", sagte sie und gähnte leise, „ich krieche unter die Decke.
Gute Nacht."

„Nacht", antwortete er und noch: „ja, kalt ist es schon ganz schön."
Dann war es still. Nach vielen Minuten hörte sie, daß er leise und
vorsichtig kaute. Sie atmete absichtlich tief und gleichmäßig, damit er
nicht merken sollte, daß sie noch wach war. Aber sein Kauen war so
regelmäßig, daß sie davon langsam einschlief.

Als er am nächsten Abend nach Hause kam, schob sie ihm vier
Schreiben Brot hin. Sonst hatte er immer nur drei essen können.

„Du kannst ruhig vier essen", sagte sie und ging von der Lampe weg.

„Ich kann dieses Brot nicht so recht vertragen. Iß du man eine mehr.
Ich vertrag es nicht so gut."

Sie sah, wie er sich tief über den Teller beugte. Er sah nicht auf.
In diesem Augenblick tat er ihr leid.

„Du kannst doch nicht nur zwei Scheiben essen", sagte er auf seinen
Teller.

„Doch. Abends vertrag ich das Brot nicht gut. Iß man. Iß man."
Erst nach einer Weile setzte sie sich unter die Lampe an den Tisch.

SIEGFRIED LENZ

Die Nacht im Hotel

Der Nachtportier strich mit seinen abgebissenen Fingerkuppen über eine Kladde, hob bedauernd die Schultern und drehte seinen Körper zur linken Seite, wobei sich der Stoff seiner Uniform gefährlich unter dem Arm spannte.

„Das ist die einzige Möglichkeit", sagte er. „Zu so später Stunde werden sie nirgendwo ein Einzelzimmer bekommen. Es steht Ihnen natürlich frei, in anderen Hotels nachzufragen. Aber ich kann Ihnen schon jetzt sagen, daß wir, wenn Sie ergebnislos zurückkommen, nicht mehr in der Lage sein werden, Ihnen zu dienen. Denn das freie Bett in dem Doppelzimmer, das Sie – ich weiß nicht, aus welchen Gründen – nicht nehmen wollen, wird dann auch einen Müden gefunden haben."

„Gut", sagte Schwamm, „ich werde das Bett nehmen. Nur, wie Sie vielleicht verstehen werden, möchte ich wissen, mit wem ich das Zimmer zu teilen habe; nicht aus Vorsicht, gewiß nicht, denn ich habe nichts zu fürchten. Ist mein Partner – Leute, mit denen man eine Nacht verbringt, könnte man doch fast Partner nennen – schon da?"

„Ja, er ist da und schläft."

„Er schläft", wiederholte Schwamm, ließ sich die Anmeldeformulare geben, füllte sie aus und reichte sie dem Nachtportier zurück; dann ging er hinauf.

Unwillkürlich verlangsamte Schwamm, als er die Zimmertür mit der ihm genannten Zahl erblickte, seine Schritte, hielt den Atem an in der Hoffnung, Geräusche, die der Fremde verursachen könnte, zu hören, und beugte sich dann zum Schlüsselloch hinab. Das Zimmer war dunkel. In diesem Augenblick hörte er jemanden die Treppe heraufkommen, und jetzt mußte er handeln. Er konnte fortgehen, selbstverständlich, und so tun, als ob er sich im Korridor geirrt habe. Eine andere Möglichkeit bestand darin, in das Zimmer zu treten, in welches er rechtmäßig eingewiesen worden war und in dessen einem Bett bereits ein Mann schlief.

Schwamm drückte die Klinke herab. Er schloß die Tür wieder und tastete mit flacher Hand nach dem Lichtschalter. Da hielt er plötzlich inne: neben ihm – und er schloß sofort, daß da die Betten stehen müßten – sagte jemand mit einer dunklen, aber auch energischen Stimme: „Halt! Bitte machen Sie kein Licht. Sie würden mir einen Gefallen tun, wenn Sie das Zimmer dunkel ließen."

„Haben Sie auf mich gewartet?" fragte Schwamm erschrocken; doch er erhielt keine Antwort. Statt dessen sagte der Fremde:

„Stolpern Sie nicht über meine Krücken, und seien Sie vorsichtig, daß sie nicht über meinen Koffer fallen, der ungefähr in der Mitte des Zimmers steht. Ich werde Sie sicher zu Ihrem Bett dirigieren: Gehen sie drei Schritte an der Wand entlang, und dann wenden Sie sich nach links, und wenn Sie wiederum drei Schritte getan haben, werden Sie den Bettpfosten berühren können."

Schwamm gehorchte: er erreichte sein Bett, entkleidete sich und schlüpfte unter die Decke. Er hörte die Atemzüge des anderen und spürte, daß er vorerst nicht würde schlafen können.

„Übrigens", sagte er zögernd nach einer Weile, „mein Name ist Schwamm."

„So", sagte der andere.

„Ja."

„Sind Sie zu einem Kongreß hierhergekommen?"

„Nein. Und Sie?"

„Nein."

„Geschäftlich?"

„Nein, das kann man nicht sagen."

„Wahrscheinlich habe ich den merkwürdigsten Grund, den je ein Mensch hatte, um in die Stadt zu fahren", sagte Schwamm. Auf dem nahen Bahnhof rangierte ein Zug. Die Erde zitterte, und die Betten, in denen die Männer lagen, vibrierten.

„Wollen Sie in der Stadt Selbstmord begehen?" fragte der andere.

„Nein", sagte Schwamm, „sehe ich so aus?"

„Ich weiß nicht, wie Sie aussehen", sagte der andere, „es ist dunkel."

Schwamm erklärte mit banger Fröhlichkeit in der Stimme:

„Gott bewahre, nein. Ich habe einen Sohn, Herr ... (der andere nannte nicht seinen Namen), einen kleinen Lausejungen, und seinetwegen bin ich hierhergefahren."

„Ist er im Krankenhaus?"

„Wieso denn? Er ist gesund, ein wenig bleich zwar, das mag sein, aber sonst sehr gesund. Ich wollte Ihnen sagen, warum ich hier bin, hier bei Ihnen, in diesem Zimmer. Wie ich schon sagte, hängt das mit meinem Jungen zusammen. Er ist äußerst sensibel, mimosenhaft, er reagiert bereits, wenn ein Schatten auf ihn fällt."

„Also ist er doch im Krankenhaus."

„Nein", rief Schwamm, „ich sagte schon, daß er gesund ist, in jeder Hinsicht. Aber er ist gefährdet, dieser kleine Bengel hat eine Glasseele, und darum ist er bedroht."

„Warum begeht er nicht Selbstmord?" fragte der andere.

„Aber hören Sie, ein Kind wie er, ungereift, in solch einem Alter! Warum sagen Sie das? Nein, mein Junge ist aus folgendem Grund gefährdet: Jeden Morgen, wenn er zur Schule geht – er geht übrigens immer allein dorthin –, jeden Morgen muß er vor einer Schranke stehenbleiben und warten, bis der Frühzug vorbei ist. Er steht dann

da, der kleine Kerl, und winkt, winkt heftig und freundlich und
verzweifelt.“

„Ja und?“

„Dann“, sagte Schwamm, „dann geht er in die Schule, und wenn
er nach Hause kommt, ist er verstört und benommen, und manchmal
heult er auch. Er ist nicht imstande, seine Schularbeiten zu machen,
er mag nicht spielen und nicht sprechen: Das geht nun schon seit
Monaten so, jeden lieben Tag. Der Junge geht mir kaputt dabei!“

„Was veranlaßt ihn denn zu solchem Verhalten?“

„Sehen Sie“, sagte Schwamm, „das ist merkwürdig: Der Junge winkt,
und – wie er traurig sieht – es winkt ihm keiner der Reisenden
zurück. Und das nimmt er sich so zu Herzen, daß wir – meine Frau
und ich – die größten Befürchtungen haben. Er winkt, und keiner
winkt zurück; man kann die Reisenden natürlich nicht dazu zwingen,
und es wäre absurd und lächerlich, eine diesbezügliche Vorschrift zu
erlassen, aber …“

„Und Sie, Herr Schwamm, wollen nun das Elend Ihres Jungen auf-
saugen, in dem Sie morgen den Frühzug nehmen, um dem Kleinen zu
winken?“

„Ja“, sagte Schwamm, „ja.“

„Mich“, sagte der Fremde, „gehen Kinder nichts an. Ich hasse sie
und weiche ihnen aus, denn ihretwegen habe ich – wenn man's genau
nimmt – meine Frau verloren. Sie starb bei der ersten Geburt.“

„Das tut mir leid“, sagte Schwamm und stützte sich im Bett auf. Eine
angenehme Wärme floß durch seinen Körper; er spürte, daß er jetzt
würde einschlafen können.

Der andere fragte: „Sie fahren nach Kurzbach, nicht wahr?“

„Ja.“

„Und Ihnen kommen keine Bedenken bei Ihrem Vorhaben? Offener
gesagt: Sie schämen sich nicht, Ihren Jungen zu betrügen? Denn, was

Sie vorhaben, Sie müssen es zugeben, ist doch ein glatter Betrug, eine Hintergehung."

Schwamm sagte aufgebracht: „Was erlauben Sie sich, ich bitte Sie, wie kommen Sie dazu!" Er ließ sich fallen, zog die Decke über den Kopf, lag eine Weile überlegend da und schlief dann ein.

Als er am nächsten Morgen erwachte, stellte er fest, daß er allein im Zimmer war. Er blickte auf die Uhr und erschrak: bis zum Morgenzug blieben ihm noch fünf Minuten, es war ausgeschlossen, daß er ihn noch erreichte.

Am Nachmittag – er konnte es sich nicht leisten, noch eine Nacht in der Stadt zu bleiben – kam er niedergeschlagen und enttäuscht zu Hause an.

Sein Junge öffnete ihm die Tür, glücklich, außer sich vor Freude. Er warf sich ihm entgegen und hämmerte mit den Fäusten gegen seine Schenkel und rief:

„Einer hat gewinkt, einer hat ganz lange gewinkt."

„Mit einer Krücke?" fragte Schwamm.

„Ja, mit einem Stock. Und zuletzt hat er sein Taschentuch an den Stock gebunden und es so lange aus dem Fenster gehalten, bis ich es nicht mehr sehen konnte."

INGEBORG BACHMANN

Reklame

Wohin aber gehen wir
ohne Sorge sei ohne sorge
wenn es dunkel und wenn es kalt wird
sei ohne sorge
aber
mit musik
was sollen wir tun
heiter und mit musik
und denken
heiter
angesichts eines Endes
mit musik
und wohin tragen wir
am besten
unsre Fragen und den Schauer aller Jahre
in die Traumwäscherei ohne sorge sei ohne sorge
was aber geschieht
am besten
wenn Todesstille

eintritt

GÜNTER GRASS

Die Blechtrommel

Ich erblickte das Licht dieser Welt in Gestalt zweier Sechzig-Watt-
Glühbirnen. Noch heute kommt mir deshalb der Bibeltext „Es werde
Licht und es ward Licht" wie der gelungenste Werbeslogan der Firma
Osram vor. Bis auf den obligaten Dammriß verlief meine Geburt
glatt. Mühelos befreite ich mich aus der von Müttern, Embryonen
und Hebammen gleichviel geschätzten Kopflage.
Damit es sogleich gesagt sei: Ich gehörte zu den hellhörigen Säug-
lingen, deren geistige Entwicklung schon bei der Geburt abgeschlos-
sen ist und sich fortan nur noch bestätigen muß. So unbeeinflußbar
ich als Embryo nur auf mich gehört und mich im Fruchtwasser
spiegelnd geachtet hatte, so kritisch lauschte ich den ersten spontanen
Äußerungen der Eltern unter den Glühbirnen. Mein Ohr war hell-
wach. Wenn es auch klein, geknickt, verklebt und allenfalls niedlich
zu benennen war, bewahrte es dennoch jede jener für mich fortan so
wichtigen, weil als erste Eindrücke gebotenen Parolen. Noch mehr:
Was ich mit dem Ohr einfing, bewertete ich sogleich mit winzigstem
Hirn und beschloß, nachdem ich alles Gehörte genug bedacht hatte,
dieses oder jenes zu tun, anderes gewiß zu lassen.
„Ein Junge", sagte jener Herr Matzerath, der in sich meinen Vater
vermutete. „Er wird uns später einmal das Geschäft übernehmen.
Jetzt wissen wir endlich, wofür wir uns so abarbeiten."
Mama dachte weniger ans Geschäft, mehr an die Ausstattung ihres
Sohnes: „Na, wußt' ich doch, daß es ein Jungchen ist, auch wenn ich
manchmal jesagt hab', es wird ne Marjell."
So machte ich verfrühte Bekanntschaft mit weiblicher Logik und

hörte mir hinterher an:
„Wenn der kleine Oskar
drei Jahre alt ist, soll er eine
Blechtrommel bekommen."
Längere Zeit mütterliches und
väterliches Versprechen gegeneinander
abwägend, beobachtete und belauschte
ich, Oskar, einen Nachtfalter, der sich ins
Zimmer verflogen hatte. Mittelgroß und
haarig umwarb er die beiden Sechzig-Watt-Glühbirnen, warf Schatten,
die in übertriebenem Verhältnis zur Spannweite seiner Flügel den
Raum samt Inventar mit zuckender Bewegung deckten, füllten,
erweiterten. Mir blieb jedoch weniger das Licht- und Schattenspiel
als vielmehr jenes Geräusch, welches zwischen Falter und Glühbirne
laut wurde: Der Falter schnatterte, als hätte er es eilig, sein Wissen
loszuwerden, als käme ihm nicht mehr Zeit zu für spätere Plauder-
stunden mit Lichtquellen, als wäre das Zwiegespräch zwischen Falter
und Glühbirne in jedem Fall des Falters letzte Beichte und nach jener
Art von Absolution, die Glühbirnen austeilen, keine Gelegenheit
mehr für Sünde und Schwärmerei.

Heute sagt Oskar schlicht: Der Falter trommelte. Ich habe Kaninchen,
Füchse und Siebenschläfer trommeln hören. Frösche können ein
Unwetter zusammentrommeln. Dem Specht sagt man nach,
daß er Würmer aus ihren Gehäusen trommelt. Schließlich
schlägt der Mensch auf Pauken, Becken, Kessel und Trommeln. Er spricht von Trommelrevolvern, vom Trommelfeuer,
man trommelt jemanden heraus, man trommelt zusammen, man
trommelt ins Grab. Das tun Trommelknaben, Trommelbuben. Es gibt
Komponisten, die schreiben Konzerte für Streicher und Schlagzeug.
Ich darf an den Großen und Kleinen Zapfenstreich erinnern, auch auf

Oskars bisherige Versuche hinweisen; all das ist nichts gegen die Trommelorgie, die der Nachtfalter anläßlich meiner Geburt auf zwei simplen Sechzig-Watt-Glühbirnen veranstaltete. Vielleicht gibt es Neger im dunkelsten Afrika, auch solche in Amerika, die Afrika noch nicht vergessen haben, vielleicht mag es diesen rhythmisch organisierten Leuten gegeben sein, gleich oder ähnlich meinem Falter oder afrikanische Falter imitierend – die ja bekanntlich noch größer und prächtiger als die Falter Osteuropas sind – zuchtvoll und entfesselt zugleich zu trommeln; ich halte meine osteuropäischen Maßstäbe, halte mich also an jenen mittelgroßen, bräunlich gepuderten Nachtfalter meiner Geburtsstunde, nenne ihn Oskars Meister.

Es war in den ersten Septembertagen. Die Sonne stand im Zeichen der Jungfrau. Von fernher schob ein spätsommerliches Gewitter, Kisten und Schränke verrückend, durch die Nacht. Merkur machte mich kritisch, Uranus einfallsreich, Venus ließ mich ans kleine Glück, Mars an meinen Ehrgeiz glauben. Im Haus des Aszendenten stieg die Waage auf, was mich empfindlich stimmte und zu Übertreibungen verführte. Neptun bezog das zehnte, des Haus der Lebensmitte und verankerte mich zwischen Wunder und Täuschung. Saturn war es, der im dritten Haus in Opposition zu Jupiter mein Herkommen in Frage stellte. Wer aber schickte den Falter und erlaubte ihm und dem oberlehrerhaften Gepolter eines spätsommerlichen Donnerwetters, in mir die Lust zur mütterlicherseits versprochenen Blechtrommel zu steigern, mir das Instrument immer handlicher und begehrlicher zu machen?

Äußerlich schreiend und einen Säugling blaurot vortäuschend, kam ich zu dem Entschluß, meines Vaters Vorschlag, also alles, was das Kolonialwarengeschäft betraf, schlankweg abzulehnen, den Wunsch meiner Mama jedoch zu gegebener Zeit, also anläßlich meines dritten Geburtstages, wohlwollend zu prüfen.

Neben all diesen Spekulationen, meine Zukunft betreffend, bestätigte ich mir: Mama und jener Vater Matzerath hatten nicht das Organ, meine Einwände und Entschlüsse zu verstehen und gegebenenfalls zu respektieren. Einsam und unverstanden lag Oskar unter den Glühbirnen, folgerte, daß das so bleibe, bis sechzig, siebenzig Jahre später ein endgültiger Kurzschluß aller Lichtquellen Strom unterbrechen werde, verlor deshalb die Lust, bevor dieses Leben unter den Glühbirnen anfing; und nur die in Aussicht gestellte Blechtrommel hinderte mich damals, dem Wunsch nach Rückkehr in meine embryonale Kopflage stärkeren Ausdruck zu geben.

Zudem hatte die Hebamme mich schon abgenabelt; es war nichts mehr zu machen.

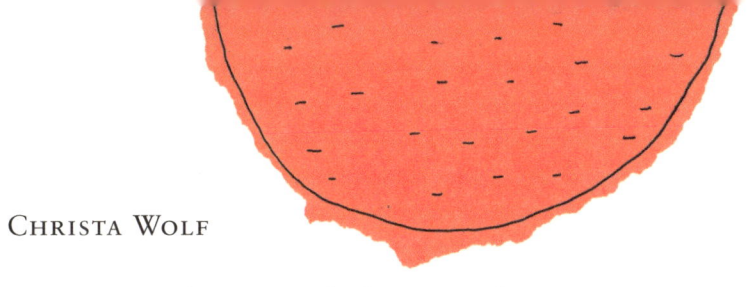

CHRISTA WOLF

Dornröschen und der Küchenjunge

Als Kind war ich komisch. Wenn meine Mutter mir Märchen vorlas, plagte ich sie mit Fragen über Nebenpersonen, über die vielleicht nur ein Satz im Buche stand. Meine Mutter hatte, wie eure Mütter heute auch, wenig Zeit. Fernseher gab es noch nicht, und nur sehr wenige Leute hatten einen Plattenspieler, den man damals übrigens

„Grammophon" nannte. Ich nahm mir das Buch und besah mir die Bilder, dabei erzählte ich mir die Märchen selber, aber ein bißchen anders, als sie mir die Mutter vorgelesen hatte. Nehmt nur mal das Märchen vom Dornröschen. Ihr kennt es ja. Mich ärgert der König: Bloß weil ein goldener Teller fehlte, lud er die dreizehnte weise Frau seines Reiches nicht zum Geburtstagsfest für seine Tochter Dornröschen ein. Ich dachte: Der König soll von einem gewöhnlichen Teller essen, dafür seinen eigenen goldenen Teller der weisen Frau geben, und nichts wird ihm und Dornröschen passieren. Aber nein, es muß zu der Verwünschung kommen. Da zeigt sich allerdings die dreizehnte als unmäßig übelnehmerisch, sie übertreibt ihren Fluch, Dornröschen soll mit fünfzehn sterben. Nun gut: Der Spruch kann gemildert werden, Dornröschen sticht sich; sie, ihre Eltern, alle Mitarbeiter des Schlosses, sogar die Tiere versinken in den hundertjährigen Schlaf. Es wächst die Dornenhecke, es kommt der erfolgreiche Prinz, alle sind froh, endlich erlöst zu sein. Aber der Küchenjunge? Ihr erinnert euch! Als das Schloß in Schlaf fällt, da hat der Koch gerader ausgeholt, dem Küchenjungen eine Ohrfeige zu versetzen. Und nun, hundert Jahre danach, kriegt der sie wirklich, daß er schrie. So steht es im Märchen. Wofür? fragte ich mich. Vielleicht war es so: Dem Koch, der an dem Festtag natürlich nervös und überarbeitet war, brannte eine von seinen berühmten Soßen an. Er konnte gerade noch ein paar Gewürze dazutun, die den angebrannten Geschmack überdecken sollten, dann mußte sie auf die königliche Tafel. Die Königin, bekannt wegen ihrer spitzen, aber auch wegen ihrer feinen Zunge, kostete, verzog das Gesicht, winkte den Oberhofmeister heran, der für solche Fälle die ganze Zeit neben der Tür steht, und zischelte ihm ins Ohr: Die Soße ist verpatzt!
Der Oberhofmeister wurde puterrot, schickte einen Diener nach dem Koch und schnauzte ihn mächtig an. Der Koch konnte, wie die

meisten Erwachsenen, keine Kritik vertragen. Mit einer ungeheuren
Wut kam er in seine Küche zurück und kriegte gerade noch mit, wie
der Küchenjunge seinen Finger aus der Kuchenteigschüssel zog und
ihn ableckte. „Ich werde dir!" schrie der Koch, froh, seine Wut an
einem Schwächeren auslassen zu können. Er holte aus, und – hundert
Jahre später versetzte er dem Küchenjungen die Ohrfeige.
Da interessierte mich die ganze Hochzeitsfeier nicht mehr. Ich fragte
mich: Was macht der Küchenjunge jetzt? Ist er etwa einer von denen,
die Ungerechtigkeit kalt läßt? Das wollte ich nicht glauben.
Rächt er sich an dem Koch? Legt er ihm eine Bürste unter das Bett-
laken?
Schnürt er heimlich sein Bündel und haut ab?
Vielleicht hat Christoph Kolumbus, der bekanntlich nach Indien
segeln wollte und dafür Amerika entdeckte, noch einen Küchenjungen
gebraucht und ihn in seine Mannschaft genommen, obwohl es dann
ja in den letzten Wochen auf dem Schiff kaum etwas zu brechen und
zu beißen, geschweige denn zu kochen gab.
Recht gerne hätte ich es auch gesehen, der Junge hätte sich zuerst
ganz still verhalten, aber die Ohrfeige nie vergessen. Er hätte dem
Koch alle seine Kniffe abgucken können und wäre schließlich ein viel
besserer Koch geworden als sein Chef selbst, und dann hätte er sich
bei Schneewittchen verdingt, nachdem sie Königin geworden war,
und hätte ihr immer ihr Lieblingsessen gekocht und hätte es bei ihr
gut gehabt.
Oder was meint ihr: Was macht er, der Küchenjunge, nach der Ohrfeige?

GÜNTER KUNERT

Bücherlesen

Bücherlesen ist vonnöten,
soll euch nicht die Dummheit töten:
wer nicht gerne Bücher liest,
ist für mich ein blödes Biest!

Bücherlesen, liebe Leute,
nicht erst morgen, sondern heute!
Heute gilt's, den Kopf zu füllen,
daß nicht laut vor Lachen brüllen

alle Affen gar im Zoo
über euren Kopf voll Stroh:
Stroh soll raus und Wissen rein,
das gilt nicht für euch allein,

sondern klar für jedermann,
der das Alphabet schon kann.
Ohne Bücher seid ihr Tröpfe,
sogar Holz- und Wasserköpfe!

Nur durch Bücher wissen wir:
Wozu gibt es Menschen hier?!
Denn kein Schaf gibt euch Bescheid,
keine Katze ist bereit,

Menschenkinder zu belehren,
die nicht auf die Bücher hören!
Hühner, Enten, Spatzen, Spechte
wissen leider nicht das Rechte,

was für Menschen wichtig wär.
Also: nehmt die Bücher her,
lest und werdet bald gescheit,
daß ihr einst die Klügsten seid.

Jürgen Becker

Früher war alles ganz anders

Früher war alles ganz anders. Die Städte alle waren viel größer und die Dörfer waren noch Dörfer. Früher gab es noch Gerechtigkeit, und wenn wer nicht hören wollte, mußte er eben fühlen. Da waren unsere Lehrer noch die Lehrer unserer Eltern. Sonntags zogen wir noch Sonntagsanzüge an. Die Kirche stand noch im Dorf. Die Wacht stand noch am Rhein. Früher wußten wir, daß Gott mit uns ist. Früher kam auch noch Hans Muff. Wen wir fingen, der kam an den Marterpfahl.

„Nerv'n andern!"

226

Die Sommer waren richtige Sommer. Die Ferien sahen immer endlos aus. Die Milch war noch gesund. Früher wussten wir, woran wir uns zu halten hatten. Da wurde noch gewandert. Wer im Wirtshaus saß, der saß auch bald im Klingelpütz. Früher ging man noch zu Fuß. Da schützte man seine Anlagen. Da gab's sowas nicht. Da gab es noch Feinde, bei denen man das Weiße im Auge erblicken konnte. Wohin man auch ging, man traf immer auf Gleichgesinnte. Wer es nicht besser wußte, der hielt auch den Mund, und wem es absolut nicht passen wollte, der konnte ja bleiben, wo der Pfeffer wächst. Früher gab es noch Mohren, Indianer und Chinesen. Früher ging alles viel einfacher. Da wäre doch sowas nie passiert. Da gab es das doch alles nicht. Früher hörte man noch zu, wenn man von früher erzählte.

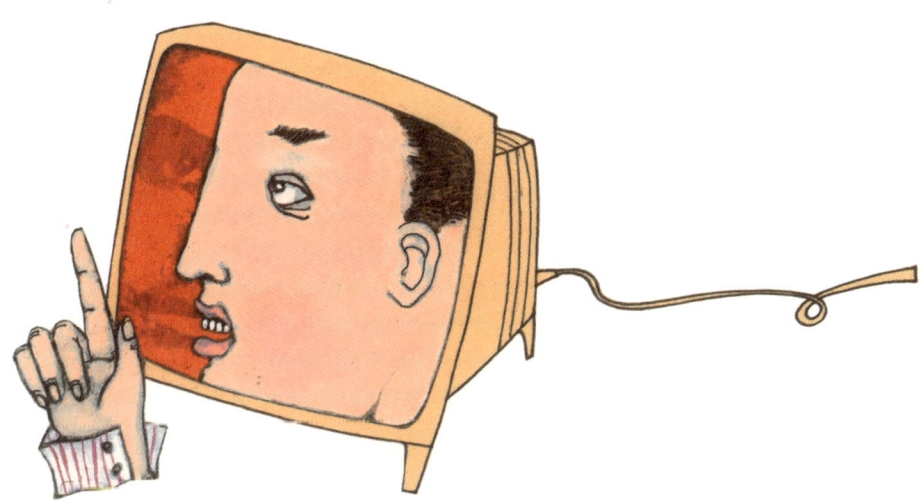

Robert Schneider

Schlafes Bruder

Zu jener Zeit beschloß Elias, öffentlich kein lautes Wort mehr zu
sprechen. Das furchtbare Erlebnis am Festo Trinitatis verfolgte ihn
noch bis hinein in die tiefsten Träume. Er fing an, sich und seine
Baßstimme zu hassen. Wenn er aber reden mußte, in der Schule,
bei der Christenlehre, dann sprach er ohne Stimmton, hauchte und
flüsterte, als litte er an stetiger Heiserkeit. Diese Art zu reden strengte
ihn so sehr an, daß er schließlich Kopfgrimmen bekam davon. Darum
wurde er nur noch einsilbiger.

In seiner Not ging er eines Tages hinab zur Emmer, wo er wußte,
daß ihn kein Ohr hören konnte. Wie das Wasser seinen Lieblingsstein
geschliffen hatte, so schliff er jetzt an seiner Stimme. Erst schrie er
stundenlang alles hinaus, was es hinauszuschreien galt. Er schrie sich
bis zum Rand der Erschöpfung, weil er glaubte, auf diese Weise
würde der Baßton von seiner Stimme weggehen, würde letztlich ein
heller Knabensopran übrigbleiben. Elias täuschte sich, denn es blieb
nur Heiserkeit. Da fing er an zu weinen, ließ die Beine leblos ins
Wasser hängen und glarte stumpf hinauf zum Wasserfall. Glarte
stumpf in die weiße, lärmende Fontäne, in den unerschöpflich herab-
stürzenden Bergbach.

Eines Juniabends, zwei Tage vor seinem elften Geburtstag, saß er
wiederum schwermütig auf seinem Stein, glarte in den Wasserfall,
und plötzlich ging ihm ein Licht auf. Er entdeckte, daß Wasser immer
von oben nach unten fließt, daß ein Stein herabfällt und nicht berg-
auf, daß auch die Regentropfen fallen, ja selbst eine Heublume mit
der Zeit doch zu Boden sinkt. Er hatte das Gesetz der Schwerkraft

entdeckt. Also suchte er seine Stimme auf diese Ordnung zu bringen,
ließ sie von der Höhe in die Tiefe gleiten, von der Tiefe in den Kopf.
Nach einigen Stunden war er in der Lage, mit Kopfstimme zu reden.
Da ereignete sich etwas Sonderbares: Er war gerade damit befaßt, die
Kopfstimme in die obersten Register zu treiben, als ein Fuchsjunges
aus dem Unterholz schlüpfte, ihm respektlos ins Gesicht blinzelte,
die Schnauze in die Luft hob, einen Satz machte und just
vor seinen Füßen zu stehen kam. Elias erschrak heftig
und mit ihm das Füchslein, und er sah den rostbraunen
Schweif im Hag verschwinden. Dann kam es wieder,
hielt sich aber in fast beleidigter Distanz. In die feucht-
dunklen Spalten beim Wasserfall kam flattriges Leben.
Fledermäuse waren vor der Zeit erwacht, schossen
erregt hin und her und fanden sich nicht mehr zurecht.
Als eine Fledermaus plötzlich auf das Haupt des Elias
zustürzte, auf die Steinplatte schnellte und als grau-
blutiger Patzen klebenblieb, wurde ihm allmählich
angst. Zur selben Zeit schlugen die Hunde von Esch-
berg an, und ihr vielstimmiges Gebell wollte nicht enden.

Nicht lange, und es krabbelten zwei Feuersalamander auf den Stein in der irrigen Meinung, daß die Sonne aufgegangen sei.

Elias hatte – wir finden keine andere Erklärung – die Hörfrequenzen der Tiere getroffen, hatte im Ultraschall der Fledermäuse gesungen, in den Frequenzen der Füchse und Hunde gepfiffen. Er hatte zu den Tieren geredet, ohne daß er es ahnte.

In jenen Tagen bemerkte der Lehrer Oskar Alder eine Veränderung an dem Mannkind. In der Schulbank mochte es nicht mehr stillhalten, wetzte ungeduldig den Hosenboden auf und ab, und einmal brach ihm gar die Schiefertafel entzwei. Wenn der Lehrer um Auskunft bat, weil kein Kind mehr Auskunft wußte, schien der Junge vollkommen abwesend. Das ließ den Lehrer stutzen, war Elias doch niemals um eine Antwort verlegen gewesen. Oskar hatte nämlich oft über das Gedächtnis dieses Kindes gestaunt, und auch dem langnasigen Kuraten Beuerlein war es gleich ergangen. Das Kind war in den Dingen der Christenlehre derart beschlagen, wußte so trefflich alle Namen und Geschichten der beiden Testamente herauszusagen, daß sich der Kurat sehr zusammennehmen mußte, um den perlenden Gedanken folgen zu können. Nach der Christenlehre sah man den Kuraten oft die Bibel studieren, die eine oder andere Stelle nachlesen. Gerne hätte Kurat Beuerlein den Elias in die Jünglingskongregation nach Feldberg gegeben, aber das scheiterte am Willen des Vaters. Melken und Mistausführen könne man auch ohne Studiertheit, sagte Seff. Womit er recht hatte, leider.

Der Junge war nicht mehr wiederzuerkennen. Als er in den Schulstunden immer vorlauter wurde, sah sich Oskar Alder einmal genötigt, die Haselrute zu langen und seinem Lieblingsschüler zehn Tatzen in die Finger zu brennen. Dabei hatte Elias nur die Wirkung seiner neuerlangten Kopfstimme erproben wollen. Nun war Oskar Alder keineswegs ein strenger Lehrer. Die Rute pfiff selten. Dennoch

hatte er einmal ein Lampartersches Kind so grausam zugerichtet,
daß es bleibenden Schaden davontrug. Es hatte ihn ohne Arg einen
Stierseckel geheißen, worauf er es zu Boden getreten und dort zu
einem blutig-stummen Häuflein zusammengeschlagen hatte. Hernach
lasen die Mitschüler das Haupthaar von den Dielen und verschlossen
die Trophäe stolz in einem tönernden Flacon. Wenn immer der Lehrer
das Lampartersche jetzt ansah, es antworten sollte, fing es an zu
stottern, und das Stottern blieb ihm zeit seines Lebens. Trotzdem war
Oskar Alder kein strenger Lehrer, das ist wahr. Elias aber ließ sich
nicht einschüchtern, und er zeigte den störrischen Charakter des
Eschbergers, der, hat er sich einmal verrannt, sich nur desto schlimmer
verrennt.

Elias wanderte täglich hinab zum wasserverschliffenen Stein
und schliff unermüdlich am Klang seiner Stimme. Er schrie
hinaus, was es hinauszuschreien galt, erprobte das Kopf-
register, sang in Obertonreihen, entwickelte Laute und
Schreie, die sich sonderbar, ja geradezu unheimlich an-
hörten. In dieser Zeit entdeckte er seine außerordent-
liche Begabung zur Imitation fremder Stimmen,
wovon die folgende Episode berichten will.

An Fronleichnam des Jahres 1815 entstand im
Dorf eine religiöse Hysterie, vornehmlich im
Haus des blinden Haintz Lamparter.
Es fügte sich, daß der Blinde in der
Nähe des Waldrands, wo die
Grenze zwischen Seffs
Gut und dem seinigen
verlief, Pfähle für einen
neuen Weidenzaun aus-
legte. Nun muß man

sich fragen, wie ein Blinder überhaupt imstande ist, ohne fremde Hilfe einen Zaun zu errichten?

Die Idee sei ihr gekommen, sprach die Haintzin zum Haintz, wie sie eines verregneten Sonntags nichtsdenkend auf ihr kleines Gut und hinüber auf das weitbündige des Alder Seff geblickt habe. Die Zäun' müßten halt wandern können, habe sie vor sich hin geträumt.

Am nächsten Tag sah man den Haintz blindlings in das Gut des Nachbarn hineinzäunen. Die Haintzin hielt sich in seiner Nähe, jedoch versteckt. Mit unendlich behutsamen Worten dirigierte sie den Blinden in die Alderschen Bündten hinüber. Seff entdeckte den Betrug und schwieg. Geduldig riß er den wildkurvigen Zaun nieder, und Haintz stellte ihn am nächsten Morgen ebenso geduldig wieder auf. So dachte die Haintzin vom Nachbarn Land zu schinden, und der Handel währte eine beträchtliche Zeit.

Eines lauen Abends war der Blinde wieder damit befaßt, Land vom Nachbarn zu stehlen. Plötzlich vernahm er eine Stimme, unheimlich und nie gehört. Der Holzschlägel glitt ihm aus den Händen und sein dicklippiges Maul blieb ihm offen. Er sank in die Knie, und aus den verkrusteten Lidern rann ihm ohne seinen Willen eine Träne heraus. Wie, zitterte er, die Engel hatten zu ihm geredet? Zu ihm, der ja nur ein Bettler war vor dem Herrn?

„Was sündigst du wider deinen Nachbarn? Ich, der Prophet Elias, heiße dich bereuen!"

Als Haintz diese Worte hörte, gesprochen mit einem Rumor himmlischen Donners, da juchzte er gellend auf, grub die Finger in den Boden und verdreckte das Angesicht mit Erde. „Meine Seele ist schwarz, Herr Prophet! Laßt mir mindestens das Leben! Mein Weib hat mich verführt!" schluchzte Haintz so gotterbärmlich, daß unser Schelm selber erschrak und sich auf Katzenpfoten davonhob.

Karen Duve

Dies ist kein Liebeslied

Eines Abends kam ich nach einem langen und anstrengenden Nachmittag im Froschspital ins Kinderzimmer zurück, hängte meinen Arztkoffer an die Schneewittchen-Garderobe und sah, wie mein kleiner Bruder den Arm aus seinem Gitterbett steckte und nach der Schachtel mit dem Geldstück angelte. Er konnte sie nicht erreichen, weil meine Mutter den Boden gebohnert und die Schachtel dabei bis an die Wand geschoben hatte. Obwohl er schon fünf war, schlief er immer noch in einem Gitterbett. Er tobte so sehr im Schlaf, daß er sonst hinausgefallen wäre. Jetzt fing er an zu brüllen.

„Mein Geld, ich will mein Geld", heulte er. Meine Schwester kam herein. Wir wohnten alle zusammen in diesem Zimmer, meine Schwester, mein Bruder und ich. Meine Schwester legte sich auf den Boden, stieß sich mit den Händen ab und schlidderte unter sein Bett. Sie trug ein rotkariertes Kleid, das meine Mutter aus dem gleichen Stoff genäht hatte wie meines und das auf dem gebohnerten Linoleum gut rutschte. Als sie wieder auftauchte, stemmte sie den Oberkörper hoch und reichte meinem Bruder die Schachtel. Er nahm sein Markstück heraus, streichelte es und polierte es dann mit einem Ende seines Kissens. Meine Schwester blieb auf dem Boden, schob und zog sich mit den Händen vorwärts und glitt auf dem Bauch durch das ganze Zimmer. „Ich bin ein Krokodil", sagte sie. „Paßt bloß auf! Ein schnelles, gefährliches Krokodil."

Mit Schwung tauchte sie unter mein Bett. Wir schliefen in einem Etagenbett, sie oben, ich darunter, wo ich vor dem Einschlafen gegen einen Matratzenschoner voller Eskimo-, Indianer-, Neger- und

Chinesenkinder blickte. Ich hörte meine Schwester rumoren, dann stieß sie sich mit den Füßen von der Wand ab und sauste aus der Dunkelheit hervor, geradewegs vor meine Füße. In der Hand hielt sie den Schuhkarton, in dem ich meine Geheimnisse aufbewahrte. Und bevor ich sie daran hindern konnte, öffnete sie ihn und nahm ein Matchboxauto heraus.

„Wo hast du das her. Das hast du gestohlen."

„Nein", sagte ich, „das hat mir Holger Deshusses geschenkt."

Holger Deshusses war ein Nachbarjunge. Niemand konnte den Nachnamen der Familie richtig aussprechen. Nicht einmal die Erwachsenen. Wir sagten alle „De-süß". Es war enorm einfach gewesen, dieses Auto zu klauen. Baby-Eier-leicht, wie wir das damals auszudrücken pflegten. Das Matchboxauto war ein völlig unscheinbarer grauer Opel, den Holger Deshusses zusammen mit hunderttausendmillionen anderen Spielzeugautos in einer tapezierten Waschtrommel aufbewahrte. Als Holger mit meiner Schwester ins Badezimmer gegangen und ich allein in seinem Zimmer zurückgeblieben war, hatte ich den Opel in meine Unterhose gesteckt und mein Kleid darüber glattgestrichen. Ich war nicht so dumm gewesen, etwas Auffälliges wie ein

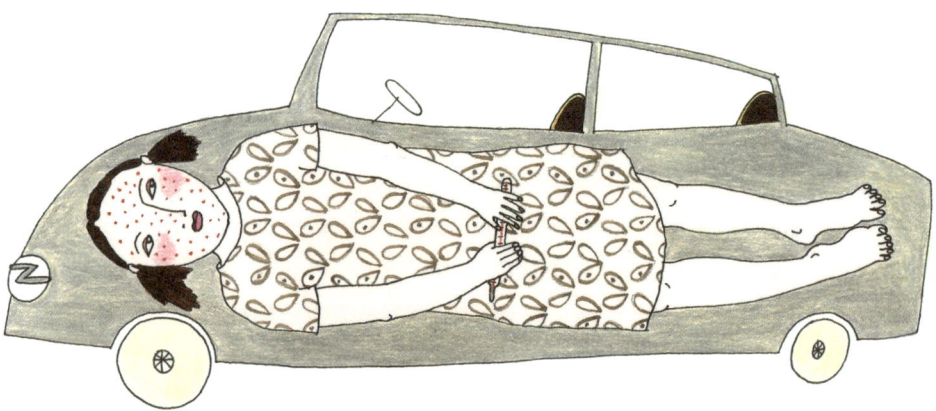

Polizei- oder Feuerwehrauto oder das Batmobil mit der ausklapp-
baren Kreissäge im Kühlergrill zu nehmen. Niemand hätte je bemerkt,
daß der Opel fehlte.

„Du lügst", sagte meine Schwester. „Morgen, in der Schule, gehe ich
mit dir zu Holger Deshusses und frage ihn. Und wehe, du lügst!"

An diesem Abend konnte ich nicht gut einschlafen, und ich wachte
am nächsten Morgen auch nicht gut auf. Sofort fiel mir die drohende
Gegenüberstellung ein. Ich hoffte, meine Schwester hätte das Ganze
über Nacht vergessen, und sah sie nicht an, während ich neben ihr im
Badezimmer stand und mir im Zeitlupentempo die Zähne putzte und
schließlich nach dem Kamm griff. Der Kamm war mit Birkenwasser
verschmiert, einem öligen Zeug, mit dem mein Vater seinen Haar-
ausfall bekämpfte. Nur die großen Zinken waren noch halbwegs
trocken. Ich trödelte so lange herum, bis meine Mutter hereinkam
und mir beim Waschen half, denn meine Oma wartete schon vor der
Tür. Meine Eltern hatten ihr spätes Wirtschaftswunderhaus mit drei
Kindern und einer Großmutter, aber mit nur einem Badezimmer
bestückt. Während meine Mutter mir mit einem Waschlappen über
die ausgestreckten Arme fuhr, stieg meine Schwester neben mir auf
einen Kinderstuhl, um sich im Spiegel zu besehen. Sie drehte und
wand sich, und dann sagte sie zu mir: „Mein Po sieht aus wie ein
Apfel. Deiner sieht aus wie ein Milchbrötchen."
Ich verdrehte den Kopf und begutachtete meinen Po. Er sah so mies
aus, wie ich vermutet hatte. Wie ein Milchbrötchen. Meine Schwester
sprang vom Stuhl, sah mich streng an und sagte: „Gleich treffen wir
Holger Deshusses."
„Mir ist schlecht", sagte ich zu meiner Mutter. „Mir tut da was weh!
So 'n Pieksen. Da irgendwo." Ich zeigte auf meinen Bauch. „Ich
glaub, ich hab Fieber."

Meine Mutter legte mir die Hand auf die Stirn.

„Fieber hast du nicht", sagte sie und nahm die Hand wieder weg.

„Doch" – ich schrie beinahe –, „fühl noch mal!"

Sie legte mir ein zweites Mal die Hand auf die Stirn. Ich schickte eine Welle Hitze aus meinem Bauch in den Kopf.

„Wirklich. Und wie! Du gehst sofort wieder ins Bett."

Ich schlurfte zurück ins Kinderzimmer, zog mein Nachthemd wieder an und kroch unter die immer noch warme Bettdecke. Ich beobachtete meinen kleinen Bruder, der in seinem Gitterbett lag und sich mit dem Zipfel des Kopfkissens die Stelle zwischen Mund und Nase rieb. Meine Schwester und meine Mutter kamen herein, und meine Schwester nahm eine rote Frotteeunterhose vom Tisch und zog sie über ihren Apfelpo. Meine Mutter hielt eine Dose Niveacreme in der Hand. Sie setzte sich zu mir aufs Bett und tunkte die Spitze eines Thermometers in die Nivea.

„Leg dich auf den Bauch!"

Ich hatte neununddreißig Fieber. Ich konzentrierte mich darauf, das Fieber zu halten, bis der Arzt kam. Als er endlich eintraf, war ich von dieser Anstrengung völlig erschöpft. Der Arzt sah mir in den Mund.

„Das sind die Masern", sagte er.

Meine Mutter zog die Vorhänge zu.

Jana Hensel

Zonenkinder

Weihnachten war im Osten der neunziger Jahre ein eigenartiges Fest. Schon nachmittags gegen zwei Uhr, der Baum stand noch verpackt im Garten, konnte es passieren, dass man über die riesengroßen, überall im Haus verteilten Einkaufstüten flog und dabei sehr unsanft auf die Herkunft der noch verpackten Geschenke hingewiesen wurde: Diesmal waren die Eltern also bei Globus gewesen, und uns Kindern wurde wieder einmal klar, dass sie diese Tempel des schlechten Geschmacks, die auf den grünen Wiesen zwischen Rostock, Sonneberg und Görlitz binnen weniger Monate wie Pilze aus dem Boden geschossen waren, wie nichts auf der Welt zu lieben schienen und nicht einmal am Weihnachtsfest auf sie verzichten wollten.
Je nach Sonderangebotslage stellte sich so der Gabentisch zusammen. Beispielsweise bestand er aus vier Stiegen Mandarinen und Apfelsinen, zwei Tüten eingeschweißter Nüsse und zwei Päckchen Melitta Auslese, vier Tafeln Sarotti-Schokolade und ein paar Flaschen Rotkäppchen Sekt der Geschmacksrichtung Mild. Letzterer vertrug sich, auch wenn er sich ausschließlich zum Süßen von Kinderbowle eignete, offensichtlich gut mit dem prall gefüllten Werberucksack gleich daneben, aus dem uns zehn Kilogramm Teigwaren Riesaer Provenienz und damit einheimischer Produktion anguckten. Die schöne, bunte Warenwelt konnte manchen überfordern, und so hatte vor allem die ältere Generation sich in den Jahren nach der Wende, wie sie glaubten, einen Fundus Sicherheit verheißender Kriterien zusammengeklaubt. Quantität dominierte hier eindeutig über Qualität, Pralinenschachteln hatten die Ausmaße von Tischfußballfeldern, mit Keksrollen konnte

man gewalttätig werden, und die letzten Lebkuchen würden wir, so viel war sicher, im Sommer am Strand verzehren.

Doch der Nachmittag hatte seinen Höhcpunkt noch nicht erreicht. Erst musste an Ort und Stelle eine Flasche Rotkäppchen geköpft werden. Prost. Frohe Weihnachten. Dass alle anderen ihr Glas flugs leeren und auf diese Weise schnell die ganze Flasche killen würden, das kannte ich schon von den letzten Malen. Zum Glück ahnten sie nicht, dass ich mein Glas später in die Spüle kippen und die übrigen Flaschen zu den Vorjahreskontingenten in den Keller schaffen würde und dabei hoffte, dort möge sie irgendwann mal irgendwer finden und einfach mitnehmen. Manchmal ließen sie sich für uns Studenten-kinder noch etwas Besonderes einfallen: Sie verzichteten auf Plastik-tüten und entschieden sich für die ökologischen Stoffbeutel, die man, hübsch mit dem Namen der Supermarktkette verziert, gleich an der Kasse kaufen konnte, und legten diese dann, wie zur Krönung, obendrauf. Allein und völlig erschöpft, es war noch nicht einmal drei Uhr, stand ich vor dem riesigen Berg mit Geschenken, die niemand brauchte und keiner wollte, und wünschte mich weit weg.

Anmerkungen zu den Autoren

Dû bist mîn
wurde vor fast tausend Jahren gedichtet. Inzwischen wird vermutet, dass das Gedicht von einer Frau stammt.

Walther von der Vogelweide (1170–1230)
ist ein bekannter deutscher Minnesänger und gilt als der bedeutendste Lyriker des Mittelalters.

Das Nibelungenlied (um 1200)
ist das berühmteste Beispiel für die germanische Heldendichtung. Der Verfasser ist unbekannt.

Martin Luther (1483–1546)
ist der Begründer der evangelischen Kirche. Er war auch ein großer Sprachschöpfer und hat die Bibel ins Deutsche übersetzt.

Till Eulenspiegel (um 1500)
war ein gewitzter Bauernbursche, der die Menschen gern an der Nase herumführte. Ob er wirklich gelebt hat oder von einem Dichter erfunden wurde, lässt sich nicht mit Sicherheit sagen.

Hans Sachs (1494–1576)
lebte in Nürnberg als Schuhmacher. Neben seiner Arbeit schrieb er viele Gedichte, Fastnachtsspiele und Schwänke, die von Laienspielgruppen noch immer gern gespielt werden.

Paul Gerhardt (1607–1676)
dichtete viele Texte für Lieder, vor allem für Kirchenlieder, die noch
heute gesungen werden.

Andreas Gryphius (1616–1664)
erlebte den Dreißigjährigen Krieg und schrieb formvollendete
Gedichte, vor allem Sonette, über die Vergänglichkeit des Menschen
und alles Irdischen.

Johann Jakob Christoffel von Grimmelshausen (um 1621–1676)
war der Sohn eines Gastwirts im Hessischen und erlebte die Wirren
des Dreißigjährigen Krieges zum Teil als Soldat. Darüber schrieb er
seinen großen Schelmenroman.

Gotthold Ephraim Lessing (1729–1781)
ist der bedeutendste Dichter der Aufklärung und hat Theaterstücke
geschrieben, unter anderem „Nathan der Weise", in dem es um
Humanität und Toleranz geht.

Matthias Claudius (1740–1815)
stammt aus einer Pfarrersfamilie und war sehr gläubig. Das spürt
man in vielen seiner wunderschönen Gedichte.

Gottfried August Bürger (1747–1794)
bezeichnete sich selbst als „Volkssänger" und bemühte sich um Volks-
tümlichkeit. Dafür schien ihm die Ballade besonders geeignet.

Johann Wolfgang von Goethe (1749–1832)
ist der berühmteste deutsche Dichter in der Welt. Er hat Romane,
Theaterstücke und Lyrik von Weltrang geschrieben.

Friedrich Schiller (1759–1805)
gilt neben Goethe als der größte deutsche Dichter. Er hatte es im
Leben sehr schwer und musste seine Werke einem kranken Körper
abtrotzen.

Johann Peter Hebel (1760–1826)
schrieb „Alemannische Gedichte" und viele Erzählungen, in denen
der studierte Pädagoge seine Leserinnen und Leser auf sehr unterhalt-
same Weise „belehrt".

Friedrich Hölderlin (1770–1843)
wird von manchen als das größte Sprachgenie der deutschen Literatur
bezeichnet. Vielleicht sind seine Texte auch deswegen nicht leicht zu
verstehen.

Novalis (1772–1801)
hieß mit bürgerlichem Namen Friedrich von Hardenberg. Er war ein
früher Romantiker, der gegen die kalte Welt anschrieb und Gefühl
und Fantasie über den Verstand stellte.

Heinrich von Kleist (1777–1811)
wusste schon als junger Mensch nicht so recht, wohin er gehörte,
und litt an der Welt. Im Alter von 34 Jahren erschoss er sich. In seinem
Abschiedsbrief hieß es: „Die Wahrheit ist, dass mir auf Erden nicht
zu helfen war."

Clemens Brentano (1778–1842)
war wohlhabend und führte ein freies Dichterleben. Er stellte mit
Achim von Arnim die berühmte Volksliedersammlung „Des Knaben
Wunderhorn" zusammen.

Bettina von Arnim (1785–1859)
wird meistens nur als Ehefrau von Achim und als Schwester von
Clemens von Brentano vorgestellt. Dabei war sie ein eigenständiger
Mensch, eine ungewöhnliche, kluge Frau, die etwas zu sagen hatte.

Ludwig Uhland (1787–1862)
war ein volkstümlicher schwäbischer Dichter, dessen Lieder und
Balladen viele ältere Menschen heute noch auswendig können.

Jacob (1785–1863) und Wilhelm Grimm (1786–1859)
sind die berühmten Brüder Grimm, deren „Kinder- und Hausmär-
chen" jedes Kind kennt.

Joseph von Eichendorff (1788–1857)
wird als der „letzte Romantiker" bezeichnet. Neben vielen schönen
Gedichten ist der „Taugenichts" sein bekanntestes Werk.

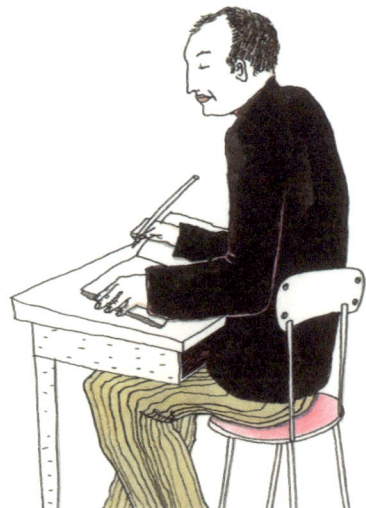

Heinrich Heine (1797–1856)
begann noch als Romantiker, änderte sein Schreiben jedoch bald und
kritisierte die Zustände im Land oft sehr bissig.

Annette von Droste-Hülshoff (1797–1848)
ist die bedeutendste deutsche Dichterin des 19. Jahrhunderts. Sie war
eine genaue Beobachterin des Lebens auch der einfachen Menschen.

Heinrich Hoffmann von Fallersleben (1798–1874)
hat das „Lied der Deutschen" gedichtet, das später zur National-
hymne geworden ist. Heute singt man nur noch die 3. Strophe
„Einigkeit und Recht und Freiheit für das deutsche Vaterland".

Nikolaus Lenau (1802–1850)
hat einmal geschrieben „Mir wird oft so schwer, als ob ich einen
Toten mit mir herumtrüge". Das spürt man in seinen Texten.

Eduard Mörike (1804–1875)
war Pfarrer im Schwäbischen und ein unruhiger Geist. Er hielt es
nirgendwo lange aus und führte ein unstetes Wanderleben.

Georg Büchner (1813–1837)
wurde nur 23 Jahre alt und hinterließ nur ein schmales Werk. Trotzdem gehört er zu den großen Dichtern, weil er neue Wege wagte und
schrieb, wie noch niemand vor ihm.

Theodor Storm (1817–1888)
lebte in Schleswig-Holstein und erzählte immer wieder von seiner
Heimat und den Menschen dort. Am beeindruckendsten hat er das
im „Schimmelreiter" getan.

Gottfried Keller (1819–1890)
gehört als Schweizer zu den wichtigsten Dichtern der deutschsprachigen Literatur. Der Titel seiner Novelle „Kleider machen Leute" wurde zum geflügelten Wort.

Theodor Fontane (1819–1898)
hat die Leute im alten Preußen genau beobachtet, vor allem „die bessere Gesellschaft". Im Alter von sechzig Jahren begann er, seine großen Romane über sie zu schreiben.

Georg Weerth (1822–1856)
kritisierte in seinen Schriften die Zustände in Deutschland, vor allem, dass die Arbeiter von den Fabrikbesitzern ausgebeutet wurden. Das brachte ihm eine Gefängnisstrafe ein.

Wilhelm Busch (1832–1908)
war eigentlich Maler, wurde aber als Schriftsteller berühmt. Sein bekanntestes Werk ist die Bilderzählung „Max und Moritz".

Gerhart Hauptmann (1862–1946)
schrieb von den einfachen Menschen mit all ihren Sorgen und Nöten. Als sein Drama „Die Weber" in Berlin gespielt wurde, verließ Kaiser Wilhelm II. empört das Theater. So etwas wollte er nicht sehen.

Christian Morgenstern (1871–1914)
ist bekannt für seine sprachspielerischen Gedichte. Manchmal sind sie hinter- manchmal auch unsinnig. Deshalb gilt er als erster Vertreter der deutschen Nonsens-Dichtung.

Heinrich Mann (1871–1950)
stammte aus einer wohlhabenden Lübecker Kaufmannsfamilie.
In seinen beiden wichtigsten Romane „Professor Unrat" und
„Der Untertan" erzählt er bis heute unübertroffen vom Leben im
Wilhelminischen Kaiserreich.

Thomas Mann (1875–1955)
war der jüngere und erfolgreichere Bruder Heinrichs. Schon sein
erster Roman „Buddenbrooks" war ein Meisterwerk, für das er den
Literatur-Nobelpreis erhielt. Und es blieb nicht sein letztes.

Rainer Maria Rilke (1875–1926)
wollte die Wirklichkeit in seinen Texten nicht einfach abbilden,
sondern sich in Menschen und „Dinge" einfühlen, um ihr wahres
Wesen zu ergründen.

Hermann Hesse (1877–1962)
gehört weltweit zu den meistgelesenen deutschen Schriftstellern und
erhielt den Nobelpreis. Seine Hauptfiguren lehnen die technisierte
Zivilisation ab und suchen ihr Seelenheil in einem naturverbundenen,
einfachen Leben.

Franz Kafka (1883–1924)
war Angestellter bei einer Versicherung in Prag – und wollte Dichter
werden. In seinen Erzählungen und Romanen schildert er die Verein-
samung des Menschen in einer ihm fremd gewordenen Welt mit ihren
anonymen Mächten.

Joachim Ringelnatz (1883–1934)
ist wie Christian Morgenstern bekannt für seine sprachspielerischen
Gedichte. Beide sind „geistige Brüder" und ihre humorvollen Texte
scheinen uns verwandt.

Kurt Tucholsky (1890–1935)
stritt mit seinen Texten für die Demokratie und wandte sich scharf
gegen Nationalismus und Militarismus. 1929 verließ er Deutschland
und nahm sich zwei Jahre nach Hitlers Machtergreifung das Leben.

Franz Werfel (1890–1945)
gehört mit seinen frühen Gedichten zu den Wortführern des Expres-
sionismus. Von 1918 bis 1938 lebte er als freier Schriftsteller in
Wien; dann floh er vor den Nationalsozialisten nach Frankreich und
1940 in die USA.

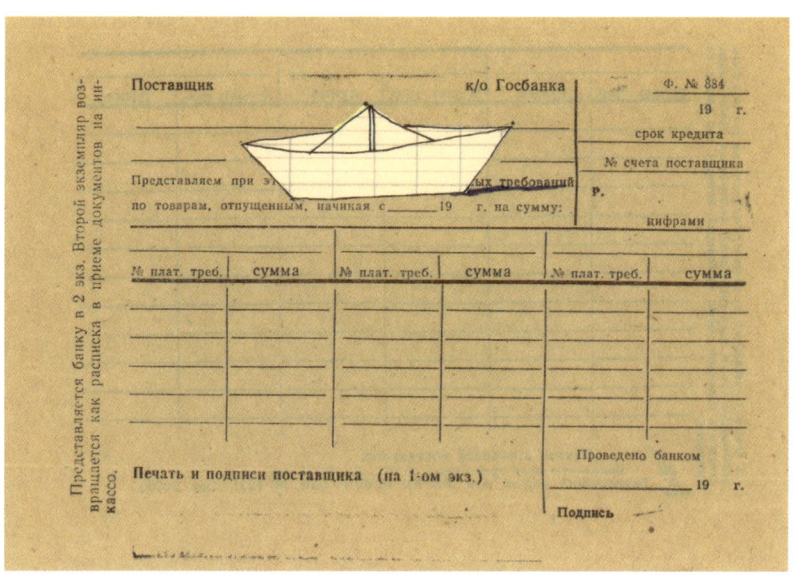

Eugen Roth (1895–1976)
verfasste vom Kaiserreich über die Weimarer Republik und das Dritte
Reich bis zur Wirtschaftswunderzeit der Bundesrepublik Gedichte,
die von den kleinen und großen Schwächen der Menschen handeln.

Bertolt Brecht (1898–1956)
war ein sehr produktiver Schriftsteller, der eine neue Form des Thea-
ters schuf, das „epische Theater". Er wollte die Bühne zur politischen
Aufklärung und Agitation nutzen.

Erich Kästner (1899–1974)
kennt jedes Kind als Autor so berühmter Bücher wie „Emil und die
Detektive" und „Das fliegende Klassenzimmer". Dass er auch eine
„kleine Versfabrik" besaß, wie er sein lyrisches Schaffen selbst nannte,
wissen nur wenige.

Marie Luise Kaschnitz (1901–1974)
war eine Adlige, die eine Ausbildung zur Buchhändlerin machte, sich
aber zur Dichterin berufen fühlte. Ihre Lyrik und ihre Kurzgeschich-
ten handeln von den Gefährdungen des Menschen.

Ödön von Horvath (1901–1938)
interessierten als Autor am meisten die kleinbürgerlichen Durch-
schnittsmenschen, weil das Volk „zu 90% aus vollendeten oder
verhinderten Kleinbürgern besteht".

Mascha Kaleko (1907–1975)
kam in Galizien als Tochter eines russischen Vaters und einer österrei-
chischen Mutter zur Welt. Nach dem Ersten Weltkrieg wurde Berlin
ihre zweite Heimat, aus der sie 1938 vor den Nazis nach Amerika floh.

Rose Ausländer (1907–1988)
verbarg sich mit ihrer Familie drei Jahre lang in einem Kellerversteck
vor den Nationalsozialisten, bevor sie 1945 in die USA auswanderte.
Diese Erfahrungen und die Heimatlosigkcit sind ein Grundthema
ihrer Lyrik.

Max Frisch (1911–1991)
war ursprünglich Architekt und wurde als Schweizer einer der wichtigsten Schriftsteller deutscher Zunge nach 1945. Seine Romanfigur
„Stiller" lässt er sagen, der moderne Mensch lebe aus zweiter oder
gar dritter Hand und sei kein Original mehr.

Peter Weiss (1916–1982)
befasste sich in seinen Schriften und Stücken oft mit geschichtlichen
und politischen Themen. Seine Texte sind sehr anspruchsvoll und
nicht leicht zu verstehen.

Heinrich Böll (1917–1985)
setzte sich in seinen Erzählungen und Romanen kritisch mit den
Entwicklungen in der Nachkriegszeit auseinander. Er war ein
engagierter Bürger und mischte sich in politische Diskussionen ein.

Wolfgang Borchert (1921–1947)
nannte seine Generation „die verlorene Generation", die durch
den Krieg um ihre Jugend betrogen wurde. Er kam schwer krank
aus dem Krieg zurück und wollte alles aufschreiben, ahnte aber,
dass ihm nur noch wenig Zeit dafür blieb.

Erich Fried (1921–1988)
hat sich als Lyriker mit literarischen Mitteln und als Bürger mit
lautem Protest gegen staatliche Gewalt gewandt.

Ernst Jandl (1925–2002)
experimentierte mit der Sprache wie nur wenige vor ihm und ist
für seine Gedichte berühmt. Manchmal schrieb er, wie ihm
„der Schnabel gewachsen war", nämlich in seiner Wiener Mundart.

Siegfried Lenz (geb. 1926)
gelingt es immer wieder, schwierige Themen aus Vergangenheit
und Gegenwart so zu erzählen, dass seine Romane gern gelesen
werden. Das gilt noch mehr für die kleinen Geschichten aus seiner
masurischen Heimat.

Ingeborg Bachmann (1929–1973)
stammte aus Klagenfurt und beeindruckte die Literaturkritik
schon mit ihren ersten Gedichten. Einer ihrer Leitsprüche lautete:
„Die Wahrheit ist dem Menschen zumutbar."

Günter Grass (geb. 1927)
ist der unumstrittene Topstar der deutschen Gegenwartsliteratur
und der bisher letzte Nobelpreisträger. Er begann seine Karriere vor
beinahe fünfzig Jahren im wahrsten Sinne des Wortes mit einem
Paukenschlag, mit der „Blechtrommel".

Christa Wolf (geb. 1929)
lebte nach dem Krieg in der DDR und wurde dort zu einer der
wichtigsten Schriftstellerinnen. Ihre Bücher wurden damals in beiden
deutschen Staaten gedruckt und viel gelesen.

Günter Kunert (geb. 1929)
hatte wegen seiner kritischen Texte in der DDR Probleme. Als er
1976 gegen die Ausbürgerung von Wolf Biermann protestierte, wurde
er aus der SED ausgeschlossen und „durfte" 1979 in den Westen
ausreisen.

Jürgen Becker (geb. 1932)
arbeitete in verschiedenen Berufen, bevor er Schriftsteller wurde.
Er schreibt Lyrik, Prosa und Hörspiele, wobei er gern experimentiert.

Robert Schneider (geb. 1961)
gelang mit seinem ersten Roman „Schlafes Bruder" einer der größten
Bucherfolge der 90er-Jahre – und das, obwohl zuvor 23! Verlage das
Manuskript abgelehnt hatten.

Karen Duve (geb. 1961)
lebt in Norddeutschland. Ob das der Grund dafür ist, dass ihr erstes
Buch „Regenroman" heißt? Jedenfalls geht es in dem hochgelobten
Buch sehr feucht zu.

Jana Hensel (geb. 1976)
war dreizehn, als die Mauer fiel. Alles veränderte sich, plötzlich war
überall Westen. Wie sie das erlebte, das erzählt sie in ihrem Buch
„Zonenkinder".

Quellenverzeichnis

S. 30f. Erich Kästner, „Till Eulenspiegel";
aus: Erich Kästner erzählt. © Atrium Verlag,
Zürich.

S. 152 ff. Heinrich Mann, „Der Untertan"
(Auszug). © S. Fischer Verlag GmbH,
Frankfurt am Main 1995.

S. 156 ff. Thomas Mann, „Buddenbrooks"
(Auszug) © S. Fischer Verlag, Berlin 1901.

S. 163 Hermann Hesse, „Stufen"; aus:
Sämtliche Werke. Band 10. Die Gedichte.
© Suhrkamp Verlag 2001.

S. 164 ff. Hermann Hesse, „Der Tag war
vergangen ... Ich las: Nur – für – Ver-rückte";
aus: Der Steppenwolf. © Suhrkamp Verlag
1969.

S. 174 f. Kurt Tucholsky, „An das Publikum"; aus: Gesammelte Werke. Copyright
© 1960 by Rowohlt Verlag GmbH, Reinbek
bei Hamburg.

S. 176 Eugen Roth, „Billig Reisen".
© Dr. Thomas Roth, München.

S. 177 Franz Werfel, „Elternlied"; aus:
Das Lyrische Werk. Hrsg. Von Adolf d.
Klarmann. © S. Fischer Verlag GmbH,
Frankfurt am Main 1967.

S. 178 Bertholt Brecht, „Fragen eines lesenden Arbeiters"; aus: Werke. Große kommen-
tierte Berliner und Frankfurter Ausgabe,
Band 18. „Das Wiedersehen", „Fragen eines
lesenden Arbeiters". © Suhrkamp Verlag
1995.

S. 179 Bertholt Brecht, „Geschichten vom
Herrn Keuner"; aus: Werke. Große kom-
mentierte Berliner und Frankfurter Ausgabe,
Band 18. „Das Wiedersehen", „Fragen eines
lesenden Arbeiters". © Suhrkamp Verlag
1995.

S. 180 ff. Erich Kästner, „Ansprache zum
Schulgebinn" (Auszug); aus: Was nicht in
Lesebüchern steht. © Atrium Verlag, Zürich.

S. 184 f. Erich Kästner, „Die Entwicklung
der Menscheit", aus: Was nicht in Lesebüchern steht. © Atrium Verlag, Zürich.

S. 186 Marie Luise Kaschnitz, „Ein ruhiges
Haus"; aus: Steht noch dahin. © Insel Verlag
Frankfurt 1995.

S. 187 Marie Luise Kaschnitz, „Das letzte
Buch"; aus: Steht noch dahin. © Insel Verlag
Frankfurt 1995.

S. 188 ff Ödön von Horvath, „Legende
vom Fußballplatz"; aus: Sportmärchen.
© Suhrkamp Verlag 1988.

S. 194 Mascha Kaléko, „Kinder reicher
Leute"; aus: Das lyrische Stenogrammheft.
Kleines Lesebuch für Große . Copyright
© 1956 by Rowohlt Verlag GmbH,
Hamburg.